« RÉPONSES »
Collection dirigée par Joëlle de Gravelaine

DU MÊME AUTEUR

UN AMOUR INFINI, Albin Michel, 1982
LES FEMMES DE LA BIBLE, Albin Michel, 1984
LES NUITS DE SCHÉHÉRAZADE, Albin Michel, 1986
LES NOUVEAUX PÈRES, Flammarion, 1986
LES REINES NOIRES, Albin Michel, 1987
LE GUIDE DES RENCONTRES, Carrère, 1988
ÉLOGE DES LARMES, Le Rocher, 1989

JACQUELINE KELEN

AIMER D'AMITIÉ

ROBERT LAFFONT

© Éditions Robert Laffont, S.A., Paris, 1992
ISBN 2-221-07128-X

INTRODUCTION

LE CHAT, LE COCHON ET LE BABOUIN

« Il n'est qu'un luxe véritable, et c'est celui des relations humaines. »

SAINT-EXUPÉRY

La vie réserve des surprises, c'est ce qu'elle fait de mieux. Elle se charge de mettre en doute ou de balayer les opinions toutes faites, les jugements définitifs, les prévisions mêmes. En cela elle nous permet de grandir, de mûrir, de nous ouvrir.

Enfant, j'étais volontaire et même têtue (« comme un âne ») et timide jusqu'à la sauvagerie. J'ai souvent entendu dire que j'avais un « caractère de cochon » et, pour complaire à ce jugement familial, j'ai fait toutes mes études en solitaire, sans amis autres que les livres, les rêves, les pensées intérieures et... les animaux (les ânes, les chats et les cochons, entre autres, puisque j'étais de leur famille).

J'affectionnais particulièrement une histoire de mon livre de lecture, *Le Chat qui s'en va tout seul**, un conte de Kipling. Cela me ressemblait et, du reste, une des premières phrases que j'ai articulées puis souvent répétées était : « toute seule », « je veux faire cela toute seule »... Au diable les aides, les tuteurs, les maîtres et tous ceux qui, sous prétexte de vous aider, de vous montrer, vous étouffent et vous empêchent de vivre.

---

* R. Kipling, *Histoires comme ça*, Éd. Gallimard.

On connaît le joli conte de Kipling, qui se situe aux premiers temps de l'humanité, lorsque les animaux n'étaient pas encore domestiqués, soumis à la domination et au bon plaisir de l'homme. Le Chien est le premier à renoncer à sa liberté ; viennent ensuite le Poulain puis la Vache. Tous trois deviennent des animaux utiles à l'homme, à la femme et à leur progéniture : en échange de quoi ils auront abri et nourriture assurés. Mais le Chat, farouche et indépendant, ne veut pas pactiser : « Je suis le Chat qui s'en va tout seul, et tous lieux se valent pour moi », répète-t-il avec fierté. Il consentira seulement à jouer avec le Bébé et, parfois, à attraper une souris. Cette indépendance d'esprit et de manières lui vaudra des hostilités, mais le Chat s'en moque ; il a devant lui tous les chemins possibles puisqu'il n'est assujetti à aucun et, dès potron-minet, souffle pour lui le vent de la liberté.

Il faut imaginer le Chat heureux. Heureux non parce qu'il est solitaire mais parce que les êtres qu'il rencontrera sur les chemins, avec qui il nouera des amitiés, seront des chats comme lui, des êtres entiers, ni en manque ni en attente de l'autre. Le Chat qui s'en va tout seul connaît le prix de l'amitié et de toute vraie relation : la gratuité. L'amitié est un don, un cadeau réciproque, alors que le sentiment amoureux rend esclaves bon nombre de gens.

J'aime beaucoup les animaux ; je sais qu'ils ont une foule de choses à nous enseigner. Et d'abord l'amitié. Une étude récente et approfondie, faite par une anthropologue américaine* qui a vécu longuement en compagnie des babouins, conclut que la société des babouins, matriarcale et pacifique, repose non sur la force et le pouvoir mais sur l'amitié et l'entraide. C'est-à-dire que le babouin le plus considéré, le plus influent, est non pas celui qui fait régner

---

* Shirley Strum : *Presque humain*, Éd. Eshel, 1990.

la terreur, non le plus conquérant, le plus agressif, mais celui qui sait nouer le plus de relations sociales, celui qui est le plus riche d'amitiés. Merci, babouins. Grâce à vous, une esquisse de société humaine prend corps.

Hors des sentiers battus

Les années ont passé. Aujourd'hui je suis entourée d'amis. Me suis-je à ce point adoucie ?... Je crois que l'amitié prend son temps, qu'elle est même le fait et la caractéristique de la maturité — et on n'a rien inventé de mieux pour devenir mature que la solitude, la réflexion, le silence, ou l'épreuve. Il apparaît ainsi que les solitaires sont les personnes qui seront les plus touchées par l'amitié, les plus ouvertes à cette relation. Les célibataires, les couples sans enfant, les personnes qui se sont dégagées des liens familiaux sont les plus perméables à l'amitié, les plus riches d'amitiés : ceux-là ne les cultivent pas parce qu'ils se sentent seuls, mais au contraire ils peuvent s'adonner aux joies de l'amitié dans la mesure où ils sont disponibles, ouverts à d'autres relations que le face-à-face obligé du couple ou bien la table familiale.

L'amitié — c'est sa définition usuelle — est distincte à la fois des liens du sang et de la passion amoureuse. Elle relie des êtres qui peuvent être très différents et qui, pour être comblés, n'auront besoin de passer ni par l'étreinte charnelle ni par la vie à deux ni par la procréation. En ce sens, l'amitié vit hors des chemins battus et possède même un petit côté subversif. Elle bouscule les barrières, les repères et les normes d'une société qui ne tient que par l'ordre familial (la descendance, le patrimoine, le nom du père et l'héritage). Elle est un appel d'air, loin de ces lieux confinés. Elle assemble des êtres qui n'ont ni intérêt personnel ni obligation de se voir et de poursuivre leur relation, et par là même elle est plus solide et plus durable que bon nombre d'autres liens sociaux.

C'est étrange, tout de même. A peine a-t-on abordé l'adolescence qu'on se précipite tête baissée dans le sentiment amoureux. Dont on ne sortira plus. Où on se complaira et on s'épuisera, sans imaginer d'autres voies possibles, d'autres terres paisibles. « Il y a des gens qui n'auraient jamais été amoureux s'ils n'avaient jamais entendu parler de l'amour » : la maxime de La Rochefoucauld ne sonne si terrible que parce qu'elle a l'accent du vrai. La passion amoureuse semble l'étape obligée, mais la plupart en restent là, contents ou malheureux, au lieu d'évoluer, de découvrir autre chose que le désir éphémère, les émotions superficielles, les sentiments codifiés.

Sans doute l'amitié a-t-elle des exigences que la passion ne requiert pas. Elle est moins facile, elle s'adresse en l'autre à des qualités plus subtiles ou plus cachées que l'apparence physique.

On est fier de ses amis, on peut avoir honte de son amant. En amitié on ne se contente pas d'un bel homme ou d'un mannequin décoratif.

Mythes de l'amour

De nos jours, le sentiment amoureux garde son monopole et, en dépit de toutes les gifles reçues, de toutes les preuves contraires, le mythe de l'amour-toujours fait rêver, courir et s'effondrer la plupart des contemporains. Il tient bon parce que c'est un mythe, justement, et non la réalité quotidienne. Et le sens des mythes est de nous questionner, de nous faire accéder aussi à notre part idéale, transcendante, hors du temps et des limitations du moi. Nous ne serons jamais Tristan et Iseut, Leïla et Majnûn ; nous se serons jamais Salomon et la reine de Saba, ni Philémon et Baucis. Mais nous pouvons en approcher, nous pouvons même les rejoindre par cette part d'éternité que recèlent tout sentiment authentique, tout acte juste.

La littérature sentimentale, les films et feuilletons de rêve et d'illusion ne marchent si bien que parce qu'ils touchent en chacun la corde sensible, c'est-à-dire le cher petit moi : « je veux être aimée », « je peux être aimée de cette façon... » Pour la grande majorité des hommes et des femmes, vivre un grand amour équivaut à être aimé. Aimer soi-même, c'est une autre histoire... une histoire qu'ils remettent volontiers à plus tard ou jamais.

Il est accordé à tous d'être amoureux ; il est plus rare de vivre l'amitié. L'amitié ne se fonde ni ne se développe sur la rêverie, l'imagination, l'illusion, le mythe. Elle ne saurait se contenter ni de l'attrait physique ni du fantasme. On peut dire que l'amitié est synonyme de qualité. Les Anciens n'avaient pas tort, qui jugeaient l'amitié comme un sentiment aristocratique, réservé à quelques-uns, hommes de bien, hommes vertueux. Parce que l'amitié est une exigence de l'être, parce qu'elle est une élévation de l'âme, qu'elle est désintéressée, altruiste. Une passion amoureuse peut être médiocre, avilissante ou narcissique. Une amitié, jamais (je parle ici de l'amitié, non de ses formes dégradées, où l'on parle de copains, de camarades, de potes...)

Nous vivons encore sous le régime totalitaire de la passion amoureuse et sacrifions aux lois et plaisirs de la chair sans jamais avoir l'idée ni l'envie de goûter une herbe plus verte, moins piétinée, sans effleurer le vaste continent, le Nouveau Monde qu'est l'amitié. Pourtant, des brisures, des échecs sentimentaux, des déceptions et des divorces finissent par nous poser question : et s'il y avait entre les êtres d'autres types de relations, des relations tendres, affectueuses, respectueuses et confiantes, des relations sans pouvoir et sans dépendance ? et si on allait voir ailleurs, du côté de l'amitié ?

La faillite ou l'aménagement du couple, l'éclatement de la famille, le nombre croissant de personnes seules, tout cela montre que la passion amoureuse pas plus que les liens du sang ne constituent un ciment éternel. Et beaucoup s'y sont brisés qui ont cru bâtir sur eux. La seule chose qui demeure est ce qui nous échappe, ne nous appartient pas : l'amour, la vie, la beauté, l'âme. Les échecs sentimentaux, les disputes et les incompréhensions conjugales ont conduit les gens à remettre en question les formes et les structures au lieu de s'interroger eux-mêmes : le mariage, pensaient-ils, était dépassé, le couple était une prison, les mœurs devaient être libérées. Mais dans les formes nouvelles, dans l'union libre, la communauté, la maternité ou la paternité célibataire, chacun s'est retrouvé inchangé, avec sa jalousie et sa peur, son désir de possession ou de revanche, avec son incapacité à aimer et, surtout, à respecter l'autre.

Le fil des jours

L'amitié n'est ni une compensation ni une consolation aux amours malheureuses. Il ne s'agit pas non plus de choisir entre elle et la passion amoureuse : l'amitié a cette caractéristique de n'être point exclusive et d'élargir l'être plutôt que de le confiner ou le restreindre. Au lieu de renoncer à l'amour romanesque pour « se refaire » grâce à l'amitié, mieux vaudrait s'interroger : que veut dire aimer ? Où est l'amour dans le désir, l'étreinte des corps, la vie ensemble, la naissance et l'éducation des enfants ?

INTRODUCTION

N'est-ce qu'une formule, une convention de langage et de société, un rêve doux, un acquis culturel ?

L'amitié offre une relation et une expérience originales. Si on se sent obligé de la comparer avec d'autres expériences affectives, avec l'amour humain en particulier, c'est qu'elle est au nombre des élans du cœur, des effusions de l'âme, des joies de la vie, tout en se démarquant par son exigence, sa tolérance et sa lucidité. Nef singulière, elle gouverne sa route tout en laissant les vents de la tendresse emplir ses voiles : elle ne dérive pas ; elle se dirige vers la haute mer.

L'amitié suit les âges de la vie et se modifie suivant notre progression. Lorsqu'on est adolescent, l'amitié est un sentiment assez simple et immédiat ; l'affection, l'agrément d'être ensemble, de partager du temps et des loisirs, l'emportent sur d'autres considérations. Ces amitiés de lycée ou de vacances ne survivent pas toujours à la période qui les a vues naître. A travers les diverses étapes de la vie sur terre, l'amitié peut se manifester dans la vie professionnelle comme dans les rencontres imprévues, elle est la force et le bonheur des personnes vivant seules, elle apparaît comme la meilleure alliée du couple et, avec la maturité, elle se révèle repère moral et spirituel, cheminement d'amour. L'amitié accompagne les êtres humains jusqu'à leur dernier souffle, alors que l'amour sentimental et charnel est nécessairement limité, au mieux à quelques décennies. Elle embrasse l'existence entière d'un individu ; elle en est aussi le plus fidèle miroir et le fil conducteur.

Il sera donc question de toutes les étapes et métamorphoses de l'amitié dans ce livre, et de sa rencontre avec le désir, le plaisir, le sentiment amoureux, la passion, la vie sociale, la vie spirituelle. Si j'ai recueilli bon nombre de témoignages d'hommes et de femmes, je ne peux cependant parler de l'amitié que depuis mon expérience et avec ma singularité, mes excès sans doute et mes partis pris. On s'engage dans l'amitié comme dans l'écriture ; on ne cherche ni à se cacher ni à donner le change. Mais, comme toute expérience est particulière, je n'ai pas l'intention de délivrer ici la vérité sur l'amitié, l'amour... Et lorsque je dis « les hommes », « les femmes », ce n'est pas pour généraliser, cela sous-entend toujours : d'après ce que je connais d'eux.

Et l'amitié est un merveilleux outil de connaissance.

1

LES FRONTIÈRES INCERTAINES

> « Pour moi c'est ravir au monde le soleil que d'ôter de la vie l'amitié. »
>
> Cicéron

Le cœur est vaste et nos affections si incertaines, si mouvantes, qu'on chercherait en vain la stricte ligne de démarcation entre affinité, bienveillance, attention, gentillesse, amitié, attachement, sentiment amoureux, tendresse, prédilection, passion, amour. Toute rencontre recouvre une infinité de possibles et, si l'on ressent un penchant, sait-on jamais sur quelle rive on va pencher ? Les frontières et les normes n'existent que pour l'ordre moral et social, pour rassurer l'individu et lui faire croire qu'il est univoque, maître de lui et de ce qu'il éprouve.

A quel carrefour se séparent l'amitié et l'amour ? La borne entre les deux territoires prend-elle nécessairement la forme d'un lit ? On se contente de cette distinction d'importance : l'amitié n'implique pas les relations sexuelles, les gestes amoureux. On a pu ainsi la définir comme un « sentiment sans actes ». De fait, dans la relation d'amitié, ce n'est pas le corps qui est gommé — puisqu'il y a des gestes tendres, des baisers, des mots doux, des embrassades —, c'est le désir qui n'entre pas en jeu, le désir et sa soif d'assouvissement et de recommencement. L'amitié ne nie pas le corps de l'autre, elle a même une composante sensuelle, seulement de ce corps elle ne veut tirer nulle jouissance. L'amitié nous rappelle que le corps de l'autre peut être apprécié, contemplé, mais non nécessairement consommé. Aimer l'autre ne conduit pas, comme dans le sentiment amoureux, à manger l'autre ou à se laisser dévorer. L'amitié respecte l'intégrité et l'indépendance de l'autre sans pour autant être indifférente à sa beauté ou à son charme. Ascèse délicate, école du renoncement, de la non-possession, où beaucoup (et d'abord les Grecs de l'Antiquité) ont échoué. L'amitié n'est ni neutre ni asexuée, c'est pourquoi elle pose un véritable défi à ceux qui la vivent et fait s'interroger les autres sur la « nature » de ce lien.

L'échelle d'amour

Dans les textes celtiques du Moyen Age, et en particulier dans le récit gallois de *Peredur* (dont le manuscrit date du XIIe siècle), une formule revient souvent, qui équivaut au serment de parfait amour échangé entre deux amants. La femme brune et souveraine qui marque toute la destinée du héros *Peredur* déclare : « Tu n'es pas le seul que j'aime, mais celui que j'aime le plus au monde. » Et elle demande à Peredur le même engagement, à savoir qu'il « l'aime plus qu'aucune femme au monde ». Cette relation d'amour, qui unit deux êtres exceptionnels, n'a pas besoin de l'exclusivité ni de la fidélité au sens où l'on entend ce mot sécurisant. Elle n'est pas permissive, complaisante, mais elle laisse la place à toutes les affections, les tendresses, les amitiés qui peuvent, et c'est heureux, survenir dans une existence. Aimer quelqu'un, ce n'est pas capter tous ses sentiments, toutes ses attentions et dévotions ; c'est aimer en lui ses capacités d'amour et d'ouverture.

De ce serment échangé entre les deux amants, on peut

déduire qu'il n'y a pas, entre amitié, tendresse, passion, parfait amour, différence de nature mais de degré. D'un sentiment à l'autre, les passerelles sont nombreuses et les frontières parfois imperceptibles. Mais l'amitié ne se trouve pas tout au bas de l'échelle, bien au contraire. Elle est plus près de l'amour véritable que ne peuvent l'être les relations sexuelles, le désir et la passion. Les moralistes du XVIIe siècle, puis les psychanalystes ont insisté sur la proximité ou l'étrange ressemblance entre haine et ce qu'on persiste à nommer amour : la force du désir, l'intensité de la passion finissent souvent en violence dénuée de tout sentiment.

Les personnages des épopées celtiques, les amants courtois et l'ancien français ne font guère la différence entre « amisté » et « amur ». Ces mots vont souvent de pair. Un chevalier nomme « amie » la dame de ses pensées à qui il offre ses exploits, Iseut appelle son bien-aimé Tristan « beau doux ami ». Le même terme, et la même dévotion, unissent les amis masculins, Olivier et Roland par exemple. Accorder son amitié ou son amour engageait totalement, l'ami ou l'amie était prêt à donner sa vie pour l'autre. « Deux étions et n'avions qu'un cœur », dit Villon pour expliquer le partage total entre amis. Ce que Montaigne reprendra à propos de son amitié avec La Boétie, alors disparu : « Nous étions à moitié de tout ; il me semble que je lui dérobe sa part. »

De la mie aux cochons

Amour et amitié chemineront encore ensemble au XVIIe siècle, même si certains veulent marquer la différence d'un sentiment qui ne doit rien aux relations charnelles ni aux liens du sang. La Carte de Tendre qu'établit

Mademoiselle de Scudéry propose un voyage amoureux qui commence au lieu-dit « Nouvelle-Amitié ». Et, de façon familière, un homme peut dire « m'amie » à sa femme ou à sa fille. « Ma amie » s'est vite raccourci en « m'amie » pour ensuite se scinder en « ma mie ».

De nos jours, le terme d'ami reste équivoque et il désigne volontiers l'homme avec qui vit une femme sans être mariée. C'est plus gracieux que « concubin », plus élégant que « mon Jules », « mon homme », plus jeune que « mon compagnon ». Les adolescents parlent de leur copine, sachant bien que cette relation ne durera pas pendant des années ; ils emploieront « amie » quand ils auront vingt ans et que cette fille-là pourrait bien devenir leur femme. Dans l'esprit de nos contemporains (qui ne sont pas tous réactionnaires), mon ami (ou mon amie) a toujours un côté précaire, ou flou, ou clandestin — comme une relation amoureuse qu'on n'assume pas, comme un sentiment qu'on se cache à soi-même. Mon mari ou ma femme sonne toujours plus sérieux, plus profond : l'ami est interchangeable, là où le mari est fait pour durer... Force des traditions, et goût d'éternité au fin fond de nous !

Ainsi le mot ami quitte la sphère de la camaraderie pour entrer dans le domaine amoureux, tout en se démarquant des appellations officielles : « ami » implique la relation sentimentale et sexuelle mais ignore la norme sociale (mariage civil) et évacue le symbole (sacrement religieux, noces spirituelles). Mais, pour qualifier la relation qui existe entre les deux concubins, on ne parlera jamais d'amitié, comme si cela était dépréciatif, pas assez fort.

De l'amitié que sait-on, que veut-on savoir ? On met au pinacle le sentiment amoureux, l'amour à deux, on s'en délecte, on y patauge et on s'y perd mais on continue de ne souhaiter que cela dans l'existence. Et on n'a plus le temps ni l'énergie ni la curiosité de découvrir le reste, tout le reste qui peut se désigner par le terme fort d'amitié. A croire que l'être humain n'a pas envie de connaître le bonheur ; c'est même là le signe le plus sûr de sa « chute originelle ».

Le jour où amour fut trahie

Un fait capital dans l'usage de la langue française n'a jamais vraiment été souligné, et pourtant il entraîne avec lui un renversement des valeurs. Il s'agit du mot « amour ». Amour, il faut le rappeler, était du genre féminin pendant tout le Moyen Age et il l'est demeuré jusqu'au début du XVIIIe siècle (il était masculin ou féminin au XVIIe siècle en français classique). Beaucoup de textes courtois et de textes mystiques de l'époque médiévale ne peuvent être compris et ressentis si on ne voit pas en « amors » une figure féminine. D'autant plus que ce sont les dames du XIIe siècle qui, dans la France d'oc, ont « inventé l'amour » et ont formé les troubadours à leur sensibilité raffinée et exigeante. Cette féminité de l'amour (on disait « ma amour », « m'amour » à un homme comme à une femme) n'a pas dû plaire aux codificateurs de la langue, aux censeurs et autres contrôleurs des poids et mesures. En 1718 — triste date : gémissez, ô femmes dépossédées et trahies ! — l'Académie impose le genre masculin au mot amour. Les sujets sérieux appartiennent aux hommes, qu'on se le dise. La femme est suffisamment dangereuse et elle s'y connaît trop bien déjà en l'art d'amour : tous les moyens sont bons pour lui rogner les ailes, pour lui grignoter de son mystère.

Qu'avons-nous gagné au change ? Une virilité accrue ? Des hommes sachant et osant parler des choses du cœur ?

Mais l'amitié, elle, est restée intacte, portant toujours le genre féminin, comme si elle était une terre non enviable ou indifférente. Plus exactement, les hommes n'avaient pas besoin de se l'approprier parce que, de tout temps, l'amitié ne pouvait se concevoir que sur le modèle masculin — les femmes étant inférieures, incapables, dépourvues d'âme et de sentiment noble.

Mais voici que les femmes ont donné un démenti à tous ces misogynes et, de même qu'aux temps de courtoisie elles avaient imaginé une nouvelle relation amoureuse, de même que pendant la Préciosité elles avaient raffiné et épuré les élans et les sentiments, elles récidivent en faisant de l'amitié une relation de femmes, une approche très féminine, en tirant l'amitié du côté de l'intime et de l'intériorité, de l'affectif et du spirituel, loin des guerres et des gymnases où se forgent les amitiés masculines. L'amitié est encore du genre féminin : profitons-en, et tirons le plus délicieux parti de cette terre méconnue.

Les copains d'abord

Il est significatif que, au cours des siècles, en France, ami ait perdu son sens fort, entier et même ardent, pour s'affadir en « petit ami » ou en « bonne amie ». Les expressions imagées pour désigner des amis inséparables rendent compte de la même dégradation. Le XVIIe siècle nous a légué : être comme cul et chemise, s'entendre comme larrons en foire, et enfin camarades comme cochons (au XIXe siècle on dit : copains comme cochons). Les voici de retour, ces braves bêtes. De fait, ce « cochon » est une déformation du mot latin « socius », qui veut dire associé, camarade, et qui s'est prononcé soçon puis chochon. Aucun rapport avec la bête rose à groin. Il n'en demeure que ces trois expressions, qualifiant des amitiés masculines, disent bien que la relation n'est fondée ni sur l'admiration ni sur l'émulation vers la vertu, comme le pensaient Aristote, Cicéron et encore Montaigne. On est loin des hommes de bien, on se retrouve même au ras du sol.

Est-ce pudeur, est-ce peur, un homme parlera aujourd'hui de ses copains, là où une femme prononcera le mot d'amis. Un ami est au copain ce qu'est la porcelaine à la faïence, ce qu'est le cristal au plastique. Copain entraîne bordée, cuite, régiment, coups suspects. Une bande de copains évoque une troupe oisive et rigolarde, dont l'idéal est peu affirmé : l'important est de se diluer dans cette bande, de se croire proches et solidaires puisqu'on sort ensemble, qu'on « s'éclate ensemble »... Dommage, le sens premier de copain — qui partage le même pain — évoquait un lien plus profond, un accord sur l'essentiel, une hospitalité que l'on retrouve désormais dans le terme convivialité. Quant aux potes... c'est plus un lien politisé qu'une affection véritable ; c'est une façon de dire, en langage branché et démagogique « on est tous des frères » (Jésus l'avait dit mieux que cela), et moins rétro que « si tous les gars du monde... » Les potes, c'est l'inverse de l'amitié : ce terme, qui se veut sympa, nivelle et amalgame tous individus confondus, alors que l'amitié se fonde sur l'élection d'un être unique. On peut dire, en effet, « on est tous des potes », ça n'avance pas plus que de déclarer « on est tous dans la même galère ». Considérer l'autre « comme un pote » lui dénie sa différence, sa qualité même ; voir en l'autre un frère humain, c'est déjà beaucoup plus difficile. Le « pote » va de pair avec le tutoiement obligé pour s'imaginer qu'on est proches, qu'on sent les mêmes choses. L'amitié — je n'irai pas le regretter — demeure un sentiment aristocratique, qui respecte l'autre, qui le vouvoie même pour indiquer cet espace de mystère inviolable ; c'est une relation qui implique un idéal moral et spirituel, non un programme sociopolitique. L'amitié ne permet pas de se diluer, de s'amalgamer ; elle renvoie chacun à son inaliénable différence, à son altérité irremplaçable, à sa part irréductible de mystère qu'elle ne saurait profaner. L'amitié privilégie le face-à-face, la relation à deux, pour plus d'exigence et d'authenticité ; les copains se déplacent à plusieurs, et les potes forment un groupe aux contours vagues.

Les philosophes et l'amitié

Les livres et traités sur l'amitié sont rares. L'histoire et l'actualité privilégient les couples célèbres et les grandes (ou petites) amours, laissant dans l'ombre l'amitié comme une parente pauvre. Est-ce à dire que l'amitié est rare ou peu importante ? Ou faut-il penser qu'on ne peut pas plus écrire sur le bonheur que sur l'amitié, que les gens heureux n'ont pas d'histoire ?

Parmi les traités de morale qu'il écrit au IVe siècle avant J.-C., Aristote dédie à son fils Nicomaque une *Ethique* où il disserte sur le Bien, le Bonheur, la Vertu, la Justice et l'Amitié. Le philosophe s'adresse à des hommes libres, des hommes de culture et de réflexion, des hommes qui pratiquent les vertus (on les appellera plus tard humanistes). L'amitié dont il parle n'est pas le lot commun ; les amitiés ordinaires sont fondées sur l'utilité et l'agrément, tandis que « l'amitié est une vertu, ou tout au moins elle s'accompagne de vertu ». Elle recouvre affection, plaisir, aide et association, mais, si elle n'est pas guidée par un sentiment moral, elle disparaît ou ne mérite pas son nom. L'amitié implique égalité des deux personnes dans la relation, et aussi réciprocité. Elle est proche de la Justice, incluant droits, devoirs et équanimité. Enfin, elle est désintéressée : « L'amitié consiste à désirer et à faire, pour son ami même, le bien ou tout au moins ce qui paraît tel. C'est désirer encore que l'ami existe et vive pour lui-même... »

Aux alentours de 45 avant l'ère chrétienne, Cicéron se console de sa retraite politique, de la mort de sa fille Tullia, et peut-être de sa relation conjugale difficile avec l'acariâtre Terentia, en écrivant des traités philosophiques. *De l'amitié*, où Lélius prend la parole, est un véritable hymne à ce soleil qui éclaire et réchauffe l'existence humaine. Cicéron partage les vues élitistes d'Aristote : « Mon opinion est qu'il ne peut y avoir d'amitié qu'entre gens de bien. » Plus loin : « La vertu seule fait de deux hommes deux vrais amis et rend l'amitié durable entre eux. » L'orateur philosophe place l'amitié au-dessus des liens de parenté : l'amitié ne peut naître ni durer sans bienveillance et affection, alors que les liens du sang demeurent même si l'hostilité, la méchanceté et la haine s'y introduisent. Cicéron situe l'amitié si haut dans le ciel des vertus qu'au-dessus d'elle ne figure que le Bien suprême. C'est une relation pleine de délicatesse, jamais intempestive, jamais pesante : « Retrancher de l'amitié le respect, c'est la priver de sa plus belle parure. » L'amitié est une force de cohésion et aussi d'émulation, un « accord parfait ». Cicéron ne distingue dès lors pas l'amitié de l'amour, si « aimer, c'est donner gratuitement son cœur à quelqu'un, non du tout parce qu'on est dans le besoin ou qu'on en espère un profit ».

« Parce que c'était lui, parce que c'était moi »

Montaigne consacre un chapitre de ses *Essais* à l'amitié, mais il ne se prive pas d'en parler ailleurs car c'est la grande affaire de sa vie. Lui aussi fait la distinction entre les amitiés ordinaires et les amitiés parfaites. Les femmes, selon lui, ne sont pas capables d'amitié, et les « affections volages » que Montaigne s'est accordées n'ont aucune comparaison possible avec ce lien où « les âmes se mêlent et se confondent ». La beauté de l'amitié est d'ordre spirituel, aussi a-t-elle saveur d'éternité et d'absolu. Les amitiés « rares et exquises » que le philosophe connut se nourrissent de partage d'un même idéal, d'échanges intellectuels et de vive affection. Si les amants s'entêtent, dans l'amour, à ne faire qu'un seul corps, les véritables amis vivent comme « une âme en deux corps ».

Pour Aristote, Cicéron, Montaigne, l'amitié s'inscrit dans la sphère de la morale au lieu de se ranger, à côté d'autres émotions et sentiments, dans le domaine de la psychologie. Ceci peut nous éclairer : l'amitié n'est pas une des passions de l'âme, mais une élévation et une ascèse de l'âme, une conduite à tenir, un chemin de perfection. Dès lors comment comparer ce qui nous rend aveugle ou esclave (l'instinct, la passion amoureuse et les autres passions comme l'ambition, l'avarice...) avec ce qui nous rend plus lucide, plus serein, bref, meilleur ? L'amitié n'avilit jamais l'autre. Un homme peut être, par amour et avec plaisir, le pantin d'une femme, d'un « ange bleu », il ne peut pas être la marionnette d'un ami (je ne parle ni des parasites ni des profiteurs, je parle des amis). C'est pourquoi les amours fournissent matière à sensation et à scandale pour les films et les journaux, alors que les amitiés passent inaperçues parce qu'elles sont au-delà de ces cruautés, de ces mesquineries. L'amitié est tout sauf un égarement et une dérive : elle affirme la primauté et la distinction du cœur et de l'esprit. Être capable d'amitié, rechercher la relation d'amitié, c'est souhaiter un accord essentiel et conscient. En ce sens il n'y a d'amitiés qu'exceptionnelles et héroïques. L'histoire, les mythes, la littérature le confirment : les deux amis sont réunis par l'exploit, le dépassement de soi, la quête de la sagesse, l'action désintéressée et altruiste, la création artistique, la réflexion philosophique, l'amour de la Divinité. Ils peuvent s'appeler Achille et Patrocle, David et Jonathan, Siddharta et Govinda, Roland et Olivier, Diderot et Grimm, Matisse et Picasso, Claire et François d'Assise, Hamlet et Horatio, Ramakrishna et Vivekananda, Saint-Exupéry et Guillaumet, Kafka et Max Brod...

Les plus vieux amis du monde

En remontant les siècles, en abordant la première civilisation de notre planète, née à Sumer, on découvre avec émerveillement que *L'épopée de Gilgamesh* raconte une très belle histoire d'amitié entre deux hommes : Gilgamesh et Enkidu. Gilgamesh, fils de déesse, est un célèbre bâtisseur et il règne sur la ville d'Ourouk. Enkidu, lui, a été modelé dans l'argile par une divinité féminine et il ressemble plutôt à un homme des bois ; il vit à l'écart, paraît sauvage. Une rencontre capitale va polir et policer Enkidu, celle d'une courtisane qui l'éveille à l'art d'amour et lui parle d'un homme puissant, Gilgamesh, en prédisant : « Tu l'aimeras comme un autre toi-même. »

A Ourouk, ville majestueuse ceinte de remparts, Enkidu aborde Gilgamesh pour la première fois : les deux hommes, de force égale, s'affrontent et luttent, mais la fin du combat ouvre sur l'amitié — une amitié qui est reconnaissance de la puissance et de l'égalité de l'autre, et aussi dépassement du conflit, de la dualité. Désormais Enkidu et le roi deviendront des frères inséparables, et leur première aventure commune a pour noble dessein de « détruire le mal sur la terre »...

Plus de cinq mille ans après, cette amitié demeure le modèle et même l'archétype du lien qui va réunir deux êtres humains par le cœur et la quête d'un idéal — la sagesse, l'immortalité, le Bien, le Beau, le Vrai. L'amitié de Gilgamesh et d'Enkidu est fondée sur l'admiration et le dépassement, c'est une puissance transformatrice : elle rend chacun meilleur, et elle les pousse tous deux à rendre meilleur le monde.

Aujourd'hui, le mal continue de prospérer sur la terre, mais l'amitié nous offre la chance de commencer à désherber notre jardin intérieur, ou à faire fleurir notre propre désert. Jeter un regard amical sur les autres, sur le monde, c'est déjà une façon de faire reculer le mal sur terre. L'expérience de l'amitié est moins celle de l'attraction que de la concorde : elle ne cherche pas la fusion mais l'harmonie, la paix.

L'ami est une grande aide sur le chemin spirituel, c'est même le sens profond de sa présence. Le Bouddha insiste sur ce rôle joué par l'amitié : « Si tu trouves un ami sage, prêt à cheminer avec toi, résolu, constant, bravant avec courage tous les dangers, vis avec lui, ô sage, dans la sérénité et le bonheur. Si tu ne trouves pas d'ami sage, prêt à cheminer avec toi, résolu, constant, marche seul, comme un roi après une conquête ou un éléphant dans la forêt. »

L'exclusion des femmes

Les femmes, jusqu'ici, sont bien absentes, elles apparaissent étrangères ou plutôt imperméables à l'amitié, à la hauteur, à la noblesse, à la perfection que requiert cette relation. Au vrai, tandis que les hommes mesuraient leurs forces sur les champs de bataille, tandis qu'ils comptaient et accroissaient leurs biens, tandis qu'ils étendaient leur pouvoir sur tous les autres êtres vivants, les femmes, elles, cachées, modestes, anonymes, continuaient de faire passer la vie (et pour que la vie passe il y faut bien quelque amitié persévérante). Les hommes échangeaient entre eux des serments de fraternité en ayant recours aux rites du sang (mêlant ou buvant un peu du sang de chacun), tandis qu'aux femmes étaient dévolues les œuvres de la chair et les histoires amoureuses. Et cela a duré longtemps, cela dure encore ici et là. Les hommes se sont réservé l'amitié (virile, héroïque, spirituelle) et l'ont souvent rendue impossible aux femmes, non seulement en les déclarant inférieures mais surtout en instaurant entre elles, par le moyen de la polygamie — en fait polygynie — répandue dans presque toutes les sociétés, des relations de suspicion, de rivalité, de haine et de jalousie. C'est en divisant les femmes que les hommes ont régné le plus facilement et le plus longtemps. Leur pouvoir s'est établi et renforcé d'autant que les femmes se querellaient et se sentaient ennemies.

Permettre l'amitié, c'est renoncer à son pouvoir, oublier sa peur, c'est reconnaître et aimer l'égalité de l'autre. L'amour sentimental, la passion et le mariage peuvent ressembler parfois à un servage, à une sujétion, tandis que la relation d'amitié consacre deux êtres libres et égaux. On comprend pourquoi les hommes ont pendant des siècles interdit aux femmes l'accès à cette relation qui affranchit et ennoblit l'autre. En revanche, ils ont consenti aux femmes la suprématie du sentiment, de la sensibilité, ils savaient bien qu'on ne fait pas une révolution avec cela, qu'on ne se libère pas avec l'émotion, la tendresse ou l'amour maternel. Les liens du sang et les nécessités de procréer ont fait le reste, donnant un tour de plus au verrou du gynécée ou du harem.

Si l'amitié avait été autre chose qu'une qualité héroïque, si elle n'avait été qu'une affection, un penchant parmi d'autres, les femmes y auraient certainement eu part plus tôt. Et si les femmes ont été tenues à l'écart de l'amitié dans les sociétés patriarcales, hiérarchisées, c'est parce que cette relation, par essence égalitaire, constituait un ferment de liberté, de rébellion par conséquent. Il est remarquable qu'en France, par exemple, les femmes capables d'amitié ont toutes été cultivées, intelligentes, indépendantes, respirant à la hauteur ou au-dessus des hommes : les dames courtoises du Moyen Age, les Précieuses qui dans la première moitié du XVIIe siècle écrivaient, réfléchissaient et tenaient salon, les aristocrates célèbres au XVIIIe siècle qui s'entouraient de philosophes, de scientifiques et d'écrivains. La Bruyère déclare : « Il y a un goût dans la pure amitié où ne peuvent atteindre ceux qui sont nés médiocres. » A quoi fait écho Madeleine de Scudéry : « Il y a dans l'amitié une perfection à laquelle bien peu de femmes sont accessibles. » De fait, les femmes ont eu accès à l'amitié en même temps qu'au savoir : ce faisant elles attaquaient un double bastion jalousement gardé par les hommes convaincus de leur inaliénable supériorité.

Ont pu aussi connaître l'amitié les femmes qui se comportent comme des hommes, qui passent pour des hommes ou encore renient leur féminité. Jeanne d'Arc, que les faits d'armes et la mission spirituelle rattachent à la lignée des amitiés viriles et héroïques, en est un exemple célèbre.

L'individu — on le sait depuis longtemps, au moins depuis Gilgamesh et Enkidu —, l'individu ne trouve sa liberté, son accomplissement, ni dans le sexe, ni dans le sentiment, ni dans la procréation, ni dans les liens familiaux : tout cela, on l'a laissé aux femmes, comme un cadeau, comme une raison d'être. Et au nom de ces mêmes raisons on les a chantées et enchaînées à travers les siècles. Pas bêtes, les hommes : ils ont gardé pour eux la meilleure part, non point le pouvoir, la conquête, la guerre qu'on leur laisse bien volontiers, mais celle du savoir et de la connaissance spirituelle, la part qui fonde et accompagne la véritable amitié.

La Grèce ancienne distinguait quatre degrés d'aimer : porneia, eros, philia, agapê, soit la sexualité basse et vulgaire, le désir amoureux, l'amitié, enfin l'amour pur et universel. Ainsi, l'amitié est ce qui s'approche le plus de l'amour véritable qui est don total, patience, non-jugement. Philia n'est pas la servante d'agapê, elle en serait plutôt l'ambassadrice. Philia joue aussi le rôle d'éducatrice d'eros, lui enseignant ce qu'il ne voit pas encore, l'élevant au-dessus du désir égoïste, de la soif de sensualité, du goût de la fusion et de l'appropriation.

L'amitié est l'annonciation de l'Amour. Et il y a plus loin d'eros à philia que de philia à agapê.

2

« UN ART OÙ L'HOMME SE TROUVE LIBRE »

> « Je l'appelle un art, parce qu'elle s'interroge,
> se corrige sans cesse et signe une paix
> qui évite les guerres de l'amour. »
>
> JEAN COCTEAU, 1953

Ce qui fait courir le monde, c'est l'amour, ce n'est pas l'amitié. Nous sommes ainsi faits, ou programmés que, tout en rêvant d'harmonie et de sérénité, nous plongeons avec délices dans la quête amoureuse ou la passion qui sont loin d'être de tout repos. Se sent-on vivre davantage dans l'excitation, le trouble, le bouleversement et l'angoisse que dans le calme et la confiance ?

La femme amoureuse dit volontiers qu'elle est prête à tout pour suivre l'objet de ses désirs, qu'elle irait au bout du monde, qu'elle « se ferait teindre en blonde » s'il le lui demandait comme dans la chanson d'Edith Piaf. Celle-ci persiste : « Je renierais mes amis, je renierais ma patrie, si tu me le demandais... » Et c'est ce qu'on appelle, d'une voix frissonnante, un « hymne à l'amour ». La passion semble bien la plus forte, la plus puissante, et pour vivre cette tempête on est prêt à délaisser sur-le-champ les rives claires de l'amitié.

Certes l'amitié n'est pas excitante, elle ne met pas l'individu en péril, elle s'offre comme une voie de sagesse, comme un amour de la sagesse. Aussi a-t-elle moins de clients que l'amour romantique. La plupart des gens, lorsqu'ils connaissent une déception amoureuse, ou éprouvent un chagrin d'amour, s'effondrent, se bourrent de calmants ou d'euphorisants, ou se précipitent chez le psychanalyste ; puis ils recommencent, ils répètent avec un autre ce par où ils sont déjà passés, sans élucider davantage, sans s'interroger. Ils recommencent au nom de l'amour qui court toujours et fait courir le monde...

Les repères d'identification

Si l'une des causes principales qui conduisent les individus chez les psychanalystes, psychiatres, neurologues et psychothérapeutes ressortit à l'amour et à son cortège de malentendus et de souffrances, de frustrations et de violences, y a-t-il des patients qui viennent consulter pour chagrins et déboires d'amitié ?

La psychanalyste Michèle Montrelay, auteur de *L'ombre et le nom**, m'a parlé des amitiés constitutives de la personnalité : s'il y a manque ou brisure d'amitié, cela peut provoquer des troubles graves qui déterminent à demander une analyse.

« Il y a des amitiés qui comptent énormément dans l'économie psychique. Je vois deux sortes d'amitiés : chez certaines adolescentes et jeunes femmes, entre quinze et vingt ans, des amitiés amoureuses féminines qui sont extrêmement déterminantes et vécues sur le mode affectif et sexuel (mais le sexuel est refoulé) ; chez les hommes, des amitiés avec d'autres hommes qui font le pont entre la relation paternelle et la relation fraternelle. C'est un certain type de femme qui est touché par l'amitié passionnelle, qui plus tard peut devenir ou non homosexuelle,

---

* Éd. de Minuit, 1977.

mais qui dans son contexte affectif est très fortement sexuée.

« Pour les hommes, ces amitiés sont indispensables et ils peuvent être déstabilisés s'ils en sont dépourvus, qu'il s'agisse de relation fraternelle ou paternelle ou d'amitiés plus socialisées. Ce sont des amitiés essentielles, qui servent de repères d'identification. Ainsi il n'y a pas symétrie entre l'homme et la femme. Pour se constituer, l'homme a besoin de ces amitiés, l'homme ne se construit que dans un rapport à une image masculine. La constitution d'une personnalité masculine appelle impérativement des relations affectives avec d'autres hommes (père, maître, oncle...). S'il n'y a pas ces valeurs masculines, ces hommes vont devenir homosexuels, tandis que les amitiés viriles, quoique teintées d'homosexualité, sont constructives et permettent à l'homme d'assumer un amour avec une femme, en tant que mari et père.

« Inversement, s'il y a manque d'hommes pour un jeune garçon, ce manque sera raccommodé par l'homosexualité active. Le jeune garçon aura manqué d'un père suffisamment amical, proche. Ainsi, la qualité du père est déterminante dans la constitution psychique de son enfant, garçon ou fille, et dans son orientation sexuelle. Or la générosité d'un père, l'amitié d'un père, ne sont pas une question de milieu, de génération ou de présence continue, mais tiennent avant tout à ce qu'il est, à ce qu'il aime faire avec son enfant, à ses traditions familiales aussi. »

Un enfermement délicieux

Tout se passe comme si l'être humain aimait davantage être dépassé (par la situation, par les sentiments...) que se dépasser lui-même : il préfère être mené par un sentiment sur lequel il n'a aucune prise, dont il n'a pas décidé, dont il ignore la durée et l'issue. L'amitié, c'est pour plus tard, ça viendra avec l'âge ou avec les désillusions. L'amitié reste souvent dévalorisée parce qu'on la compare au registre amoureux, passionnel ; or elle ne fait pas appel aux mêmes puissances de l'être.

Un des principaux griefs qu'on peut faire à l'amour sentimental est d'être exclusif et d'empêcher l'amitié, de repousser ou délaisser les amis. Comme si les deux relations s'excluaient l'une l'autre (on n'a pas à choisir entre l'amitié et l'amour, sauf pour un cerveau binaire ou un cœur étriqué) et comme si l'une était évidemment plus intéressante, plus forte que l'autre.

Dans les *Fragments d'un discours amoureux* de Roland Barthes*, ce livre tout en nuances, il est suggestif qu'on ne trouve aucune notation ni notule sur l'amitié. Dans le discours et dans le faire amoureux il n'y a pas place pour l'amitié, non que le sentiment amoureux submerge tout, mais parce qu'il brouille toute autre perception, parce qu'il signe la défaite de la lucidité — et l'amitié est un clair partage, non une cristallisation ni une illusion. C'est comme si l'expérience amoureuse était le départ, la base de l'apprentissage du cœur : l'amitié viendra après, par maturation, par lâcher-prise et transformation.

La fixation sur l'objet de l'amour interdit toute ouverture, tout passage vers les autres, ressentis hors champ sinon importuns. C'est un enfermement consenti, spontané, délicieux, d'où l'on ne sort que malheureux. Lors des difficultés sentimentales, dans les échecs amoureux, les amis ne sont pas des bouées de sauvetage (ce serait leur faire injure) mais des fenêtres, des appels d'air : il y a tant d'autres choses à découvrir et tant à aimer sous le soleil...

---

* Le Seuil, 1977.

« UN ART OÙ L'HOMME SE TROUVE LIBRE »

Le sentiment amoureux ne se choisit pas, on n'y est pour rien, et on s'y livre sans retenue, heureux de donner un démenti à cet austère Descartes qui ne se sentait exister que par la pensée. On s'y livre donc, on s'y croit libre alors que bien souvent les codes ont été fixés d'avance et que la société, la famille et les médias nous y poussent : chemin de la facilité, chemin (plutôt labyrinthe) très fréquenté... S'il existe un domaine qui soit plus peuplé et en même temps qui demeure plus inconnu que tout autre, c'est bien celui du sentiment amoureux. Mais que cherchaient-ils à apprendre, à découvrir, ces touristes du cœur ? Ils cherchaient à s'oublier, à s'évader, ils disaient « je t'aime » et cela leur paraissait suffisant.

« La relation amoureuse semble plus facile pour beaucoup de gens que l'amitié, même si elle déçoit vite, dit Geneviève, 60 ans, psychothérapeute, car on peut s'y laisser guider par l'instinct, par des schémas socioculturels, par les images des médias, pour ''faire'' l'amour ; tandis que l'amitié, pour dépasser la camaraderie superficielle, demande plus de créativité. Il semble que l'amitié soit moins passive, qu'on puisse lui demander un soutien désintéressé et fidèle qui veuille sincèrement le bien de l'ami(e). » La relation d'amitié apparaît plus créative et inventive : « L'amour naît d'impondérables, de choses imprévisibles ; l'amitié peut se rechercher, s'entretenir, elle demande un minimum d'audace, de confiance au-delà des peurs : il faut vouloir sortir de l'attente passive... »

La relation amoureuse entre un homme et une femme serait une nostalgie, et par là se comporterait comme une répétition (inlassable, même ratée), un retour en arrière (dans un paradis fusionnel, dans un œuf clos primordial), là où l'amitié créerait du nouveau, une issue, une libération : par l'amitié, on sortirait enfin de cette ornière exquise, de ce pont aux ânes, pour connaître et inventer du neuf. Mais quel individu n'est pas attaché à ses vieux vêtements, à ses vieux jouets?

Genèse de l'amitié

Médecin et psychanalyste jungien, auteur de *La femme essentielle** et *Les odyssées du féminin***, Pierre Solié retrace pour nous la genèse de l'amitié :

« Ça démarre dans la chair... Le premier amour est celui du nourrisson et de sa mère. Le premier regard de la mère sur le nouveau-né, le premier contact, le toucher, ce premier échange est extrêmement important, et de lui dépend l'avenir de toutes les relations de l'enfant. Ce premier regard s'appelle « eros » dans le discours du *Banquet* de Platon : il permet la montée de l'amour dans le corps, les corps, les âmes, et s'élève jusqu'à la philosophie, l'idée de la beauté. Le nourrisson voit dans le regard de sa mère le reflet de la beauté platonicienne, qui est aussi le bien, le bon. Si ce contact s'est bien passé, cette sensibilité (et parasensibilité) va commander toute la faculté "parapsychologique" et "paraphysiologique" et permettre une ascèse vers l'idée de beauté.

« L'amour, l'amitié, ça se fonde bien dans la chair. La "parasensorialité" se cultive dès les premiers échanges du nourrisson avec la mère (et avec le père à travers la mère) qui porte les valeurs à ce moment-là.

« Je fais correspondre les trois stades pulsionnels établis par Freud — oral, anal, génital — à des états spirituels : eros, caritas, agapê. Ainsi, la génitalité peut se transformer en amour du proche, ou eros ; l'analité en

---

* Éd. Seghers, 1980.
** Éd. Séveyrat, 1990.

amour du prochain ou caritas ; et l'oralité en amour de l'universel ou agapê.

« A ces trois stades correspondent trois types de ce qu'on appelle communément amour :

« L'oralité cannibale : je t'aime tant que je te mange (ou je t'aime tant, que je te mange) ; tu es complètement moi, ou je suis complètement toi.

« L'amour anal, esclavagiste : je te mets une chaîne d'esclave au cou, je te marque au fer de mon nom ; je t'aime tant que je te tiens, que je te tourmente ; tu as le droit d'aller jusqu'au bout de ta chaîne seulement.

« L'amour génital remplace la chaîne par le fil de téléphone : tu peux sortir, mais, quand tu seras au coin de la rue, téléphone-moi.

« Ces trois déclinaisons de l'amour possèdent aussi, c'est heureux, un pôle de spiritualisation possible et offrent une ouverture vers l'amour du prochain (caritas) ou l'amour universel (agapê). Ces amours charnelles, possessives, peuvent être transformées et spiritualisées : c'est à ce niveau que je situe philia, charis, l'eros du *Banquet*, et les amitiés.

« L'amour cherche à refaire l'Un, à retrouver l'unité perdue. Refaire l'Un, cette quête fondamentale, il n'y a que le cannibale et l'agapê qui le font... L'amitié spirituelle, qu'on nomme amitié de dilection, comporte la dimension mystique de l'agapê. »

Un échange à égalité

Ce qui est réconfortant, dans l'amitié, c'est qu'elle vit de réciprocité : on aime et on est aimé en retour. Les « intermittences du cœur » ne s'y produisent pas : en amitié on ne se demande pas si l'autre vous aime autant, plus ou moins qu'hier, plus, autant ou moins que vous-même l'aimez. L'amour génère davantage le qui-vive, il met en péril : rien n'est jamais acquis, il faut rester vigilant et émerveiller l'autre — ça, c'est le bon côté ; il y a aussi ce tourment du lendemain, de la durée, de la perte, de la souffrance. On doute, on s'inquiète, dans une relation amoureuse toujours ressentie comme incertaine, fragile : les amoureux font des projets d'avenir pour conjurer cette précarité ; les amis sont assurés de se voir longtemps ou toute leur vie.

En témoigne ainsi Monique, jeune femme brune et souriante d'origine provençale : « L'amitié est plus simple à vivre. Au départ, on se trompe moins facilement d'objet, on est plus lucide. C'est déjà une bonne base pour la suite de la relation ! Ensuite on n'est pas trop pressé, on laisse venir, on découvre l'autre avec une attitude plus sereine. On n'a pas l'impression que sa vie est en jeu. Et quand j'arrive au point de dire "c'est mon ami(e)", il n'y a aucune angoisse pour l'avenir. Je n'ai jamais rompu une amitié, je ne me suis jamais sentie "larguée" par un ou une amie. L'amour, c'est plus difficile à réussir. Au départ il suffit souvent d'un sourire, d'une attitude, et la machine à fantasmes se met en route : on plonge dans le sentiment amoureux ! C'est excitant mais pas rassurant. Le désir, l'imaginaire mènent la danse. On se trompe sur soi-même, sur l'autre. Ensuite il faut rétablir tout ça pour que la fin des illusions ne soit pas la fin de l'histoire d'amour... »

Un homme peut s'éprendre d'une femme inconnue ou d'une femme distante, indifférente. Une femme peut tomber amoureuse d'un homme qui l'ignore, la méprise ou la ridiculise. La relation amoureuse, alimentée d'un seul côté, peut continuer et causer des angoisses et des souffrances, tandis que l'amitié ne peut jamais commencer sur une relation à sens unique. Elle est, dès le départ, partagée. Dans une relation amoureuse réciproque, l'alarme se produit aussi parce qu'on a toujours peur de perdre l'autre, on redoute la souffrance de la perte : autant dire qu'on espère détenir l'autre, ou être gardé par lui. L'amitié est plus sereine parce qu'on n'y possède pas l'autre et qu'on n'y dépend pas de lui, chacun gardant son autonomie et son altérité : elle ne permet ni chantage, ni rupture violente, ni insultes, ni l'équivalent des scènes de ménage. Aucun des deux amis ne cherche le pouvoir sur l'autre, aucun ne se sent asservi, victime ou lésé. L'amitié se nourrit, en plus de la réciprocité, de l'égalité des individus : elle n'instaure ni hiérarchie ni domination, elle associe deux personnes dissemblables ou très différentes et les rend égales. Elle vit de dialogue.

Dans *Amphitryon 38** Giraudoux fait ainsi parler Jupiter, un dieu qui connaît bien les passades amoureuses mais ignore l'amitié : « Parfois, de notre observatoire, nous voyons les êtres s'isoler en groupes de deux, dont nous ne percevons pas la raison, car rien ne semble devoir les accoler : un ministre qui tous les jours rend visite à un jardinier, un lion dans une cage qui exige un caniche, un marin et un professeur, un ocelot et un sanglier. Et ils ont l'air en effet complètement égaux, et ils avancent de front vers les ennuis quotidiens et vers la mort... »

Cultiver l'amitié, c'est plus fort que de dérober le feu du ciel : c'est lancer des ponts, des messages, c'est refuser toute limitation, y compris celle du temps, du corps physique et de la mort. C'est ouvrir des portes, frayer des passages, au lieu de surveiller, comme dans le sentiment amoureux, une chasse gardée. C'est renoncer à la rivalité et à l'envie.

---

* Éd. Grasset, 1929.

Une relation sans frontières

L'amitié gomme ou dépasse ce qui, dans le sentiment amoureux, peut faire obstacle : une grande différence d'âge, un physique peu gracieux ou même une infirmité. Elle ne tient compte ni du milieu social, ni de la race, de la religion, ni du parti politique, ni de la nationalité ; au contraire elle s'ouvre à tout et à tous : par exemple, on peut éprouver une vive et tendre amitié pour E.T., mais on n'imagine pas du tout devenir amoureux de cette créature bizarre. L'amitié nie ou comble tout fossé, elle renverse murs et frontières et peut se manifester entre des personnes originaires de deux pays déclarés ennemis : l'amitié met en doute la validité de la guerre. Nul ne l'a mieux montré que Jean Renoir avec son film *La grande illusion*, daté de 1937 : l'estime réciproque, le partage intellectuel entre un officier français (interprété par Pierre Fresnay) et un officier allemand (interprété par Erich von Stroheim) pendant la Première Guerre mondiale mettent en doute (ou en péril, pour des patriotes) la notion de frontières et d'ennemis. Comme Jean Renoir le confie lui-même dans son autobiographie (*Ma vie et mes films**) à propos de son amitié avec l'Allemand Carl Koch, qui veilla « à l'authenticité de la partie allemande du film » : « Nous avions fait la guerre ensemble. Ce sont des choses qui rapprochent. Nous avions combattu dans deux camps opposés, mais ça, c'est un détail... » L'amitié sur le plan privé conduit au pacifisme au plan international.

Aucune idéologie, aucun système politique n'ont réussi à réduire les inégalités entre les êtres humains comme le fait, spontanément, l'amitié. Aristocratique par essence, l'amitié est démocratique en ses effets. Inversement, toute

---

* Éd. Flammarion, 1974.

idéologie qui rend impossible une amitié entre deux êtres doit être considérée comme suspecte, comme inhumaine.

L'amitié s'enrichit de la différence de l'autre — là où la relation amoureuse requiert son adhésion ou sa reddition. « Avec des amis je peux parler de façon très profonde, et s'ils ont un avis très différent du mien cela ne m'irrite pas, dit Laurent, trente-neuf ans, marié et père de deux enfants. Je me sens en grande confiance et j'ai droit à l'erreur : il n'y a pas de jugement, pas d'a priori, ce qui ne veut pas dire qu'ils sont complaisants ou qu'on ne discute pas... »

L'amitié lie des personnes de générations différentes, elle s'avère le remède le plus sûr contre le vieillissement. Je suis heureuse d'avoir pour amis de jeunes gens qui furent mes élèves, du temps où j'enseignais la littérature française, et des personnes plus âgées, dont je pourrais être la fille. Dans la relation d'amitié, l'âge apparaît vraiment comme un épiphénomène ou un détail. Lorsqu'une correspondance épistolaire s'est engagée, voici quelques années, de la Suisse à la France entre Jeanne, qui avait aimé un de mes livres, et moi, il y avait un tel accord, sensible et spirituel, entre nous, et son écriture était si jeune, si allègre, que je l'imaginais de mon âge. Un jour, j'ai décidé d'aller lui rendre visite dans son chalet fleuri dont elle m'envoyait des photographies, mais sans y figurer. C'est alors que, dans une lettre, au détour d'une phrase, Jeanne m'écrivit qu'elle allait avoir quatre-vingts ans... et que, sur le quai de la gare, je la reconnaîtrais aisément, elle et son mari, car « deux petits vieux m'attendraient ». Je ne connais pas de personnes plus ouvertes, plus joyeuses, plus vivantes et émerveillées que ces « deux petits vieux ». Ils ne se plaignent jamais, ils s'intéressent passionnément au monde qui bouge et aux êtres humains. Ils ignorent le jugement, partant plutôt d'un préjugé favorable sur tous ceux qu'ils peuvent rencontrer. Pour moi ils ne jouent absolument pas le rôle de grands-parents idéaux : nous sommes des amis, leur expérience de la vie est plus longue que la mienne, mais la différence avec des grands-parents c'est qu'ils la partagent simplement, en toute sincérité, alors que souvent les grands-parents se contentent d'un rôle familial obligé, qui masque leur véritable richesse : ils restent sur la réserve ou ne parlent que de « leur temps ». D'un grand-père, d'une grand-mère, on sait peu de chose, on n'imagine pas qu'ils aient pu être jeunes, amoureux ; ils n'existent pour nous qu'en tant que grands-parents.

L'amitié assure la continuité entre les générations, ce à quoi échouent souvent les liens familiaux, les sentiments filiaux. Le partage à égalité est si fort, entre amis, et la notion du temps qui passe si peu importante que, des années après, on peut se demander en toute bonne foi qui des deux a commencé, qui a fait le premier pas dans cette relation.

Si « l'amour est fort comme la mort », comme le chante le *Cantique des cantiques*, l'amitié peut franchir également les mystérieuses barricades qui séparent ce monde de l'invisible. Arnaud m'a raconté une histoire qui lui est arrivée il y a quelques années ; elle le bouleverse encore. Arnaud est alors âgé de trente ans, plutôt solitaire, et il a peu d'amis. Mais il a une très belle relation d'amitié avec une femme âgée, lointainement apparentée à sa famille : ils s'écrivent, se rendent visite, parlent de plein de choses. Mais la vieille dame tombe malade un jour, assez gravement, et doit être hospitalisée. C'est l'été. Arnaud, avant de partir en vacances, va rendre visite à son amie, tout heureuse de le voir. Elle a l'air d'aller mieux. Arnaud part, rassuré, dans la maison familiale de vacances quelques jours plus tard. Quand il y arrive, il trouve, posée sur le bureau de sa chambre, une enveloppe à son nom, sans timbre ni adresse, et un petit message écrit au crayon d'une main fine et tremblante : c'est la vieille dame qui lui redit combien elle a été heureuse de sa visite à l'hôpital, et lui envoie toute son affection. Arnaud apprend presque en même temps, de ses parents, que cette dame vient de mourir. Mais personne n'est informé de cette lettre, personne ne peut lui dire comment elle est arrivée là, sur son bureau, sans timbre ni adresse. L'amitié, comme l'amour dont parle la Bible, franchit les barrières jugées impossibles par notre cerveau raisonnable.

La part du rêve

Séduction, pouvoir, exclusivité et jalousie, tels sont les ingrédients de la relation amoureuse aux yeux des personnes interrogées. Estelle, qui a de nombreux amis de tous les coins du monde, résume ainsi : « Le sentiment de séduire et d'être séduit, le sentiment de s'approprier l'autre et de lui appartenir, une sorte de possessivité et d'exclusivité, voilà ce qui me semble inséparable d'une histoire amoureuse. L'amitié est, pour moi, totalement dépourvue des éléments de séduction et d'appropriation ; elle s'exprime librement, désintéressée, généreusement et sans trouble. Si le sentiment amoureux est passion, l'amitié est liberté, et l'un peut tuer l'autre. »

Dans l'amitié, on choisit, on est sujet ; dans le sentiment amoureux on se laisse entraîner, on devient objet de l'amour. L'engouement, la fougue, le je-ne-sais-quoi, l'enthousiasme, le rêve et l'imagination marquent la défaite de la raison et de la lucidité. La passion amoureuse a ceci de commun avec l'épopée qu'elle joue sur l'incroyable, le merveilleux, et l'agrandissement-embellissement des faits. Les deux héros de l'histoire s'imaginent que le monde commence avec eux et ne pourrait tourner sans eux ; ils n'existent que dans et par cette passion. Haute lutte, combat incessant, où la défection de l'un signe la défaite de l'amour, l'amour qui ne saurait exister sans eux ni après eux... C'est ce tourment et cet enchantement que vivent Ariane et Solal dans le magnifique et ironique roman d'Albert Cohen, *Belle du Seigneur** : conjuguer l'intensité et la durée, l'intimité et le mystère, le narcissisme et l'adoration, la gravité et le jeu, tel est le défi que s'échinent à relever les deux amants.

« Ce qui compte dans la relation amoureuse, c'est la correspondance d'inconscient à inconscient, dit la psychanalyste Michèle Montrelay. Une amitié est bien de l'ordre de la maturité car elle suppose que la conscience éclaire les choses tandis que l'amour procède toujours de l'attrait, du coup de foudre... »

L'amour est idolâtre, l'amitié requiert la lucidité. Le premier s'accompagne de frissons, crainte et tremblements, la seconde de confiance et de calme. On n'adule pas un ou une ami(e), on ne se damnerait pas pour lui ou pour elle, mais on est toujours prêt, en toutes circonstances, à l'aider, à le soutenir ou le sauver d'un mauvais pas — là où un amoureux, un amant ne sont d'aucun secours. Le sentiment amoureux embellit l'autre, qu'il pare de mille qualités et charmes, il est donc partial plus qu'aveugle, et se nourrit de son enchantement. Se sentir unique au monde et irremplaçable est tellement flatteur qu'on laisserait tout tomber pour vivre ou prolonger de tels moments. Et sentir l'autre à ce point capital et irremplaçable dans sa vie conduit très vite à le garder jalousement, à l'emprisonner. La passion octroie des droits sur l'autre,

---

* Éd. Gallimard, 1986.

l'amitié et le véritable amour chérissent la liberté de l'autre. La passion a un aspect totalitaire, qui est un de ses charmes pour ceux qui la vivent. Si l'un des deux sort du cercle, il s'attire les foudres de l'autre, sous forme de haine, d'humiliations et de chantage... Le cercle magique n'était peut-être que celui du narcissisme.

« Il n'y a pas de jalousie ou d'exclusive en amitié, dit Loïs. Tant mieux si mes amis en ont d'autres, je ne me sens aucunement lésé ou trahi, même s'ils semblent encore plus liés qu'avec moi. » Le sentiment de non propriété sur l'ami vous permet de partager ses joies même si vous n'en êtes pas l'origine ; l'ami peut vivre une relation amoureuse sans que cela vous enlève rien, alors que cela crée un drame si vous êtes amants.

« Dans l'amitié, je trouve une objectivité (lucidité, recul, humour) qui permet à cette relation de s'exprimer librement, en préservant la liberté respective des deux ami(e)s, note Solange. Dans une histoire d'amour, je crains la perte de cette liberté, perte proportionnelle à l'attachement que je porte. »

Mais pourquoi, grands dieux, si le tableau de la passion amoureuse est si inquiétant, pourquoi hommes et femmes persistent-ils à y foncer, tête baissée ? La réponse peut paraphraser ce que Chamfort disait du mariage : l'amour plaît plus que l'amitié, « par la raison que les romans sont plus amusants que l'histoire ». Les contes de fées, les feuilletons et romans sentimentaux, les romans-photos offrent cette évasion hors du réel en même temps qu'ils font vibrer en chacun le point sensible où rêves, idéal et illusions se confondent. Une amitié ne peut causer ni désillusion ni désenchantement puisque ni le rêve ni l'illusion ne l'ont forgée : chacun voit l'autre tel qu'il est et tel qu'il pourrait être (meilleur, plus accompli) ; la passion ne voit pas l'autre tel qu'il est, elle le voit tel qu'elle le veut.

Il n'existe pas de Pygmalion en amitié, seule y a place l'émulation.

Illusions chéries

Maurice est un passionné de sciences physiques. Il a tout au long de sa vie beaucoup lu, réfléchi ; aujourd'hui, à soixante-dix-huit ans, il vit en ermite sans pour autant se désintéresser de l'humain. Son expérience, il la traduit ainsi :

« L'amour idéalise ; il recherche chez le partenaire une perfection qu'il ne peut trouver parce que la perfection n'est pas de ce monde. Il va donc, peu à peu, s'estomper, se dégrader, plus rarement se transformer en amitié, et plus souvent inspirer l'indifférence quand ce n'est pas la haine. Sa fin n'est pas si spontanée que son commencement mais tout de même relativement rapide.

« L'amitié n'est pas recherche de la perfection. Elle n'est d'abord que sympathie plus ou moins réciproque puis se nourrit de la découverte de qualités (voire de défauts) qui incitent à des sentiments multiples : admiration, pitié, désir de ressemblance ou de protection, etc.

« Lorsqu'on a comme moi quelque peu vécu, on est obligé d'admettre que l'amour est le plus souvent recherche égoïste d'un introuvable idéal de sensations érotiques et de satisfactions psychologiques. Et si aucune promesse, aucun avantage, aucune menace n'ont pu me faire trahir une amitié, je peux avouer que mes amours n'ont jamais connu une rectitude absolue, et que des accrocs, des mensonges, des lâchetés et des trahisons les ont souvent entachées... »

Dans la passion on cherche l'impossible, l'irréel ; dans l'amitié on cherche le vrai. Distance de la folie à la sagesse.

« UN ART OÙ L'HOMME SE TROUVE LIBRE »

La lucidité, la sincérité n'ont de fait rien de fiévreux ni d'excitant, mais elles n'entraînent ni dépendance ni esclavage. Elles permettent que l'amitié demeure, alors que passent ou se lassent tant d'histoires amoureuses. On connaît l'exclamation qui clôt *Un amour de Swann** et qui achève, au sens fort, sa liaison avec Odette : « Dire que j'ai gâché des années de ma vie, que j'ai voulu mourir, que j'ai eu mon plus grand amour, pour une femme qui ne me plaisait même pas, qui n'était pas mon genre ! »

Dans l'amour romantique, je veux être très proche de l'autre, devenir l'autre ou bien l'absorber, je veux me fondre et me confondre avec lui. Dans l'amitié, je fais la place à l'autre, j'aime ce qui le distingue de moi, et je ne me renie pas. Combien de personnes — de femmes surtout — se sont sacrifiées pour faire plaisir à l'autre, combien ont changé de religion, de goûts vestimentaires, d'opinions politiques, de pays ou de ville pour se rapprocher de l'homme aimé, combien ont abdiqué, renoncé à leurs valeurs essentielles sous prétexte d'amour ! L'illusion bat son plein : on dit aimer l'autre, en fait on ferait n'importe quoi pour se faire aimer de lui, pour ne pas le perdre.

Dans l'amitié, l'injonction « c'est elle ou moi », « c'est lui ou moi » n'a aucun sens et paraîtrait même grotesque. La relation amoureuse tourne très vite à la relation de domination-dépendance : on veut changer l'autre, ou on veut changer pour l'autre ; bref on n'accepte ni la réalité ni la différence entre les êtres.

« Je vois l'amitié plus apaisante, plus stabilisante que le sentiment amoureux, dit Béatrice, célibataire de trente-deux ans. Dans l'amitié on ne cherche pas à posséder comme dans l'amour. Il y a donc une sorte de confiance mutuelle qui s'établit, et entre amis on peut avoir des

---
* Éd. Gallimard, 1919.

conversations, des confidences plus profondes que dans une relation amoureuse où on avance masqué. On se montre beaucoup plus soi-même face à un ami qu'avec un amant, et un ami aide à progresser davantage qu'un amoureux. »

La confiance : maître mot. La confiance laisse l'autre respirer, rencontrer d'autres personnes ; elle permet à l'autre d'exister par lui-même au lieu de n'exister qu'à deux dans une relation passionnelle ou dans un couple fusionnel. La confiance dit que non seulement on croit en l'autre mais que l'on compte sur lui. Aimer quelqu'un sans l'aider, sans le consoler au besoin, n'est pas aimer. Combien de femmes, ayant une relation sentimentale avec un homme, ont été, lors d'une épreuve, aidées, entourées de soins et d'affection par d'autres femmes ou par des amis... et nullement soutenues par leur amant ! Il faut être réaliste : l'amant n'a pas pour rôle d'aider ni de consoler ; il ne vous aime ni triste, ni malade, ni laide, ni faiblarde, autant dire qu'il n'est pas là à ces moments précis. Et puis aider, écouter, compatir demandent un effort, une attention, un don de soi qui ne sont pas indispensables au sentiment amoureux où « ça va tout seul ». Par leur attitude désintéressée, les amis peuvent révéler l'égoïsme de l'amoureux, mais la femme préfère s'aveugler, caresser son rêve d'amour, car il lui est intolérable d'admettre qu'elle puisse être attachée à un égoïste, et que son propre sentiment puisse aussi être égocentrique ; elle préfère s'enferrer dans un échange de deux pouvoirs et de deux narcissismes plutôt que de renoncer. Je pense à cette femme de la quarantaine qui avait vécu un « grand amour » avec un homme pendant deux ans, mais l'homme, très indépendant, s'était éloigné et refusait de se marier. Peu après leur séparation, l'homme eut un grave accident et dut être hospitalisé plusieurs mois. La femme l'apprit et, elle qui était encore éperdument amoureuse quelque temps auparavant, elle fut presque contente de ce coup du sort qui lui paraissait une juste punition ; et jamais elle n'est allée rendre visite à cet homme alité. La passion étant terminée, l'amour-propre panse ses blessures avec la haine, l'indifférence ou le remords : est-ce là l'empathie, la confiance, l'amour ?

Noces de diamant

L'amitié implique continuité et engagement, elle se nourrit de présence, de témoignages et d'échanges renouvelés. Sinon elle se nomme camaraderie, rencontre de vacances, relation opportuniste ou superficielle. « L'amitié a besoin de temps, de durée, de fidélité. C'est une découverte progressive de l'autre », reconnaît Jean-Louis, trente-cinq ans, dessinateur industriel. Le sentiment amoureux, lui, ne réclame pas l'engagement : il se laisse flotter, il ne décide ni n'enracine ; il fuit plutôt contraintes et obligations. L'engagement vient avec l'amour, c'est dire qu'il se produit au-delà du bien-être égoïste, de la peur et de la facilité. L'engagement n'est pas, comme les gens immatures ou médiocres persistent à le penser, le contraire de la liberté, mais le contraire du simulacre et de la lâcheté. Seuls les êtres libres peuvent et osent s'engager ; les autres préfèrent s'illusionner et vivre leur liberté dans le compromis.

L'amitié est faite pour durer : entre amis on n'a pas besoin de fêter l'anniversaire de la rencontre, on sait qu'on se verra encore dans cinq ans, dans vingt ans, qu'on « vieillira ensemble », ô merveille ! C'est ce qu'on appelle la fidélité ou la constance. L'amitié ne peut s'établir et se développer qu'entre des individus capables d'engagement et de fidélité. Je remarque que les hommes qui ont des aventures, des passades, qui évitent une relation continue avec une femme, ne sont pas davantage capables de vraie amitié : ils redoutent une relation qui exigerait davantage que l'amusement et le plaisir ; ils restreignent, par peur et par facilité, la relation amoureuse, comme l'amitié, à l'agrément. Les femmes ne sont pas meilleures, qui cultivent les amitiés utiles et jettent leur amant quand elles se lassent... Girouettes en amitié, girouettes en amour...

Une approche globale

Un homme ne tombe pas amoureux d'une femme pour son intelligence ni pour sa vie intérieure. « Que les femmes s'en persuadent : le démon de la chair est le plus fidèle compagnon de l'homme qui aime les femmes, dit Gérard, journaliste. Les appas constituent une raison suffisante, le reste étant donné de surcroît. Le charme d'une femme est intimement lié à cet instinct masculin qui nous incline irrésistiblement à voir, toucher... » Tant mieux pour l'homme si la jolie femme est, de plus, intelligente et cultivée, mais il peut se passer de ces qualités-là pour tomber amoureux. En revanche, une femme pourra éprouver une attirance pour un homme qui n'est peut-être pas un Apollon ou un Tarzan mais qui la touche par sa sensibilité, sa créativité, son intelligence ou son humour. De là à dire que les femmes regardent en premier chez un homme les yeux, pendant que les hommes lorgnent les jambes ou les seins de la femme qui passe...

En tout cas, l'amitié procède d'une approche plus globale et plus diffuse de la personne à qui elle s'intéresse ; elle ne se restreint pas, comme le coup de foudre, comme le désir ou l'attraction amoureuse, aux charmes et au charme de l'autre, à l'émotionnel, au sentimental. L'amitié prend en compte aussi, ou surtout, les qualités de cœur et d'intelligence de l'autre, sa vie créative, sa vie intérieure : elle ne bâtit pas sur du sable. Gilbert (un charmeur de la cinquantaine) le reconnaît : « L'amitié est plus exigeante que la quête amoureuse. C'est pourquoi on peut avoir une liaison inavouable ou clandestine, tandis qu'une amitié se montre au grand jour. » Valérie, quarante-sept ans, pense que « le partage total dont chacun rêve dans la relation amoureuse est certainement plus aisément réalisable dans l'amitié ». A la différence que, selon le mot de Giraudoux, l'amitié a pour sens « tout le corps, moins un sens ».

Solitude, disponibilité

Le Chat qui s'en va tout seul et mon propre itinéraire de Chat me font remarquer que l'amitié découle du sentiment et de l'expérience de la solitude, tandis que le sentiment amoureux se rattache à l'héritage de la famille, découle de la vie à plusieurs. C'est si vrai que beaucoup croient s'affranchir de leurs parents en se mariant à leur tour, en formant un couple — ce qui ne fait que répéter le schéma appris, confortant et rassurant ainsi la famille, tandis qu'un désir de liberté pour vivre seul, est mal vu, suspecté par cette même famille. Le sentiment amoureux où se précipitent tant d'adolescents et le désir précoce de vivre à deux n'expriment aucune rébellion contre les parents puisque les jeunes ne font que reproduire ce qu'ils ont vu et passent d'une dépendance à une autre sans avoir risqué la rencontre avec soi-même. L'amitié s'acquiert, comme l'indépendance, elle n'est pas tracée d'avance. Avec la solitude, avec l'amitié, on innove, on part investiguer en terre étrangère au lieu de demeurer dans le cercle amoureux ou la filiation du sang.

La solitude choisie, vécue sans faux-fuyants, est bien l'unique chance de se connaître et de se rencontrer soi-même. Et de s'ouvrir aux autres, à tous les autres. Il est remarquable que la vie scolaire tout autant que la vie familiale n'octroient jamais de moments de solitude : il faut toujours « être ensemble », étudier, jouer, manger ensemble... La lecture seule permet d'échapper, c'est une première porte ouverte sur l'autonomie (autant préciser que j'ai su lire à cinq ans !)

Ce que nous apporte l'expérience irremplaçable de la solitude, c'est l'évidence que chacun est entier, existant par lui-même, responsable de lui-même, et d'autant plus disponible aux autres qu'il n'est ni en manque ni en attente de l'autre. L'être solitaire (je n'ai pas dit célibataire) est un être relié, capable d'accueillir dans sa vie beaucoup d'amis puisqu'il ne s'est pas refermé sur un seul. La solitude permet cette découverte capitale que l'on peut être source d'amour et pas seulement demande d'amour.

Esprit de famille, famille d'esprits

L'amitié trahit les liens du sang : elle peut sembler plus provocatrice que la bâtardise ou qu'une mésalliance. L'amitié montre qu'un individu peut respirer et aimer ailleurs, être heureux ailleurs qu'au sein d'un cocon familial. A l'esprit de famille l'amitié substitue la famille d'esprits. Les amis n'ont aucune obligation de se réunir — pour une fête, un anniversaire, Noël... — ils se voient en toute liberté, en toute gratuité. Ils ne se sentent pas coupables s'ils ne se font pas signe pendant quelque temps, et ils n'essuient ni reproches ni injonctions de la part des

« délaissés ». En amitié il n'y a pas de chantage affectif, de culpabilisation, de punition.

L'individu qui a le culte de la famille n'aura pas ou très peu d'amis. De la famille il n'a retenu que l'aspect d'interdépendance (présentée comme un soutien sûr), l'esprit de possessivité et de parasitisme (dissimulés sous le nom d'affection). La famille lui a inculqué que sans elle il est perdu, sans elle il sera un individu isolé, autant dire maudit. Aussi, s'il ne reste pas collé au rocher familial jusqu'à la quarantaine, il s'empressera de trouver une personne avec qui, très vite, recréer cette relation de dépendance réciproque (qu'il prendra pour de l'amour), une personne sans laquelle il se sentira perdu...

Suzanne a décidé de vivre seule et d'exercer un métier à cinquante ans passés, tournant le dos aux obligations et au conformisme familiaux. C'est à partir de ce moment, de cette vie librement choisie, qu'elle a pu connaître des « amitiés belles, solides et fécondes ». A soixante-deux ans, elle raconte : « J'ai osé, ce que pendant près de cinquante ans de ma vie je n'avais pas fait ! J'ai profité des occasions ténues que la vie m'offrait et j'ai provoqué des rencontres ; j'ai écrit à un auteur dont j'avais apprécié le livre, ou à quelqu'un que j'avais entendu à la radio... Mais j'ai aussi accepté que le renouvellement de ma vie distende des amitiés où le conformisme social avait trop de part ; aucun jugement de personnes, mais un constat paisible. » Suzanne a osé : elle s'est engagée dans des groupes féminins et religieux, elle fait partie d'une association professionnelle, elle a provoqué et suscité l'amitié. Pourtant, elle parle de ses amis comme de cadeaux de la vie, et c'est le sentiment de gratitude qui l'emporte chez elle. Elle fait partie de ces rares personnes qui savent dire merci — merci à l'autre, merci à la vie.

Pour ma part, j'ai eu la chance d'avoir, enfant, des

parents qui n'étaient ni possessifs ni envahissants, mais présents ; des parents qui n'existaient pas qu'à travers leur progéniture. Je leur sais gré d'avoir accepté mon caractère indépendant, mes options dans la vie professionnelle et personnelle, sans s'ingérer, même si mon « originalité » les déconcertait. Je suis persuadée que pour un enfant c'est une véritable calamité que d'avoir une mère dévorante (d'affection, dit-elle) ou un père fusionnel (de type « nouveau père », celui qui se prend pour une maman et fait un avec son bébé, en négligeant sa femme). Je pense même que l'autorité des parents fait moins de ravages sur l'enfant, qui plus tard pourra réagir, que n'en cause l'attachement passionné du père ou de la mère : la première pousse à l'autonomie, à la rencontre avec d'autres ; le second enferme et annihile pour de longues années.

L'ami de sa famille

Devenir ami avec les personnes de sa famille — ses parents, ses frères et sœurs — est une entreprise de la maturité. Cela suppose qu'on a réglé les contentieux de révoltes, jalousie, rancœurs, non-dits... et qu'on a acquis son indépendance. « Couper le cordon » signifie que l'individu ne se définit plus par rapport à la famille (« je suis la fille de... », « je suis le père de... ») mais en tant que lui-même, et qu'il ne se comporte plus en action ou en réaction par rapport à sa famille. On devient ami avec son père, avec sa mère, quand on peut en toute sincérité leur dire merci pour ce qu'ils ont été et donné, leur pardonner leurs erreurs et insuffisances et quand on reconnaît ses propres erreurs à leur égard ; lorsqu'il n'y a plus de débiteur d'un côté ni de l'autre ; lorsqu'il n'y a plus d'idéalisation parentale mais reconnaissance de la personne, de l'humanité en eux. Devenir ami avec sa mère, avec son père, équivaut à dire : « Je t'aime comme tu es, que tu sois ou non ma mère, j'ai plaisir à te voir, t'écrire ou te parler en toute gratuité, je n'y suis obligé ni par respect, ni par crainte, ni par obéissance, ni par une reconnaissance éternelle pour m'avoir "donné la vie", ni pour des raisons financières. <u>Libre de tous ces attachements, de toutes ces contraintes, je peux enfin t'aimer et devenir aussi ton ami.</u> »

Un chemin de vertu

« A mes yeux, l'amitié est la plus fine des relations, pour peu qu'elle soit soigneusement cultivée : une amitié profonde, vivante, réclame attention et écoute. La garantie de sa durée se fonde sur des vertus telles que <u>la transparence, le respect et la patience.</u> » A Bernadette, qui a choisi à quarante-huit ans de vivre seule après avoir élevé ses enfants et partagé une vie de couple, répond François, trente-sept ans, marié depuis peu après avoir vécu célibataire : « La folie, le rêve, l'imagination, le désir et le narcissisme mènent la danse dans la relation amoureuse, alors que la reconnaissance de l'autre, le respect de l'autre et la confiance construisent l'amitié. »

Mais qui préfère se regarder dans un miroir fidèle plutôt que dans un miroir embellissant ?

Dans l'amitié chacun respecte l'autre — l'identité, l'altérité, l'existence de l'autre. Celui-là apparaît comme un cadeau et non comme une possession. L'amitié évite toute emprise sur l'autre, toute tentative d'assimilation, là où l'amoureux se montre volontiers tyrannique, ou bien esclave. L'amitié est la reconnaissance que l'autre n'est pas pareil à vous, qu'il ressent et réagit autrement que vous, et elle permet d'accepter et de comprendre l'autre au lieu de le juger : cela s'appelle la tolérance.

L'amitié libère là où le sentiment amoureux attache, elle engage là où les liens familiaux obligent. A un ami, à une amie, à quelqu'un que j'aime sans égoïsme, je peux dire : je n'ai pas « besoin » de toi, je n'ai pas de droits sur toi, mais la vie est plus belle, plus riche, plus amusante, plus douce ou plus profonde grâce à toi. L'amitié est une relation de non-désir, au sens où l'entendait Bouddha, une relation de lâcher-prise et d'abandon de l'ego : c'est certainement la raison majeure qui fait d'elle une relation sans souffrance.

3

L'AMITIÉ AU MASCULIN, L'AMITIÉ AU FÉMININ

> « Être avec des gens qu'on aime, cela suffit ; rêver, leur parler, ne leur parler point, penser à eux, penser à des choses plus indifférentes, mais auprès d'eux, tout est égal. »
>
> La Bruyère

De l'exaltation à la désinvolture, de l'adoration à l'indifférence, de la grande passion à la basse vengeance, l'amour depuis des siècles a beaucoup servi ; il a été tellement déformé, trahi, profané, que beaucoup de personnes aujourd'hui ont envie de se rafraîchir à une nouvelle source et de découvrir un continent presque inexploré. Les ravages de la passion, les enthousiasmes déçus, les folies et incertitudes du désir, les compromis d'une vie à deux, les attachements forts comme une prison, tout cela ressemble à une autoroute un peu trop fréquentée alors que, ici et là, de délicieux chemins de traverse, de petites routes ensoleillées font signe et invitent à un voyage neuf.

L'amitié apparaît comme une terre vierge, tandis qu'on a vraiment l'impression d'avoir fait le tour de la passion, de l'amour sentimental. Mais en amitié les repères sont fragiles, les codes à peine esquissés, et peut-être que le grand souffle de liberté qu'implique la véritable amitié balaie toute possibilité de code et de système. En ce sens les personnes qui s'aventurent sur les terres de l'amitié font figure de pionniers, mais elles y trouvent aussi la joie de respirer un air plus pur.

Être et agir

Sans vouloir opposer systématiquement les amitiés entre hommes et les amitiés entre femmes, force est de constater que l'amitié masculine est davantage caractérisée par « faire ensemble », et l'amitié féminine se contente plus volontiers d'« être ensemble ». L'amitié entre femmes est avant tout affective ; pour les hommes elle se traduit vite par des preuves, une mise en pratique. L'échange de confidences, le partage de la vie privée ou du chemin spirituel paraissent à une femme indispensables dans l'amitié, là où un homme privilégiera l'échange d'idées, le risque partagé, la création commune et, plus que l'intériorité ou l'intimité, le dépassement de soi. Pour une femme l'amitié équivaut à la confiance, à l'écoute, à la compréhension, à l'ouverture ; un homme parlera davantage en termes de soutien, courage, solidarité, solidité.

Est-ce le souvenir des amitiés antiques où les relations masculines s'édifiaient sur les champs de bataille et se concrétisaient par l'échange fraternel des sangs ? Est-ce que les femmes, longtemps considérées incapables d'amitié parce que incapables de vertus et de nobles sentiments, et de plus recluses entre elles, ont inventé à leur usage une amitié plus rêveuse, plus tendre, plus vulnérable aussi ? De nos jours encore, même si les différences s'estompent, même s'il y a plus de passages entre le féminin et le masculin, l'émotionnel et le spirituel s'expriment davantage avec les femmes, l'échange intellectuel et l'activité se vivent plutôt entre hommes.

Comme l'amitié masculine se fonde surtout sur l'action et l'épreuve vécues ensemble, sur le partage des idéaux politiques, sociaux, humanitaires, et sur le travail en commun, il semble que les hommes aient des amis peu diversifiés et qu'ils recrutent dans leur milieu. On voit souvent des amis médecins, des amis architectes, des amis sportifs, des amis chanteurs, des amis photographes... L'amitié masculine relève davantage au pire du régiment, au mieux de la confrérie, du compagnonnage : pour elle l'important c'est le dénominateur commun. L'amitié féminine semble davantage jouer sur la singularité de chaque individu, indépendamment de la profession, de l'âge et des opinions politiques.

Vivre dangereusement

L'aventure, la guerre, réunissent des hommes et, mettant à l'épreuve leur courage, leur fidélité, leur parole et leur solidarité, forment des amitiés indéfectibles parce que nourries du meilleur de chacun : dans ces circonstances, ce n'est pas l'héroïsme qui l'a emporté mais bien l'intérêt du groupe, de la communauté. Les films qui parlent d'amitié entre hommes, hormis ceux qui évoquent la solidarité entre truands comme *Touchez pas au grisbi* par exemple, sont souvent des films de guerre : prisonniers tentant de s'échapper, maquisards dans la Résistance, etc. Il est significatif que *La déchirure*, qui évoque l'histoire véritable d'une amitié entre un Cambodgien et un Anglais, ait aussi pour cadre l'horrible génocide provoqué par les Khmers rouges. Ces circonstances extrêmes dénudent l'être et le rendent à sa vérité essentielle : ici, il n'est plus question de jouer, de ruser, de faire semblant, il y va de sa vie. Ceux qui ont affronté ensemble des périls extrêmes et en ont réchappé ont vécu l'amitié comme une initiation : une solidarité originelle face à l'ennemi héréditaire, une communauté de destin où sauver l'autre équivaut à se sauver soi-même. Le poète René Char, qui a éprouvé la valeur de l'amitié dans la Résistance, écrit dans les *Feuillets d'Hypnos** : « J'ai toujours le cœur content de m'arrêter à Forcalquier (...) Ce rocher de braves gens est la citadelle de l'amitié. Tout ce qui entrave la lucidité et ralentit la confiance est banni d'ici. Nous nous sommes épousés une fois pour toutes devant l'essentiel. »

Jean-Claude a fait à vingt ans son service militaire durant la guerre d'Algérie ; c'est là qu'il a rencontré Bernard, soldat du même âge, dérouté comme lui par les événements auxquels ils étaient mêlés. A leur retour en France, ils ne se sont pas vus pendant plusieurs mois, comme pour exorciser les images pénibles, les scènes violentes. Mais leur amitié a survécu à ce qui n'aurait pu être qu'une nostalgie, un ensemble de souvenirs ressassés par d'anciens combattants. « Ce service militaire en une période troublée fut le point de départ de notre amitié, de notre soutien réciproque, dit Jean-Claude, mais l'amitié ne se fige pas dans le temps, elle n'est pas liée à la mémoire mais à la vie qui continue. Bernard et moi nous n'avons jamais reparlé de cette époque mais nous sommes conscients que là s'est nouée une amitié primitive, viscérale, face au danger. »

Pour Justin, qui a mené de difficiles missions de reportage au Moyen-Orient, « l'amitié est liée à certains lieux d'absolu, de dénuement : le désert, les grands espaces. Quand on frôle le péril, la soif, la mort, et qu'on partage cela avec d'autres, l'amitié qui en naît se passe de mots. C'est une sorte de pacte. D'affronter la mort ensemble unit davantage, dirait-on, que de vivre ensemble... ».

Dans ces conditions extrêmes, deux hommes sont forcés de vivre ce qu'implique la plus haute amitié : défendre et protéger l'autre jusqu'à risquer et donner sa vie

---

* *Fureur et mystère*, Éd. Gallimard, 1962.

pour lui. Dans cette expérience de dépassement individuel, l'amitié qui vit d'estime et d'admiration réciproques peut se déployer : on peut l'appeler amitié virile en ce qu'elle fait appel au courage et à la loyauté, deux vertus mâles illustrées depuis les premiers temps par Gilgamesh et Enkidu. Dans certains sports d'équipe et missions à risques — l'alpinisme, l'aviation... —, l'amitié naît tout naturellement de l'expérience que le moi solitaire n'arrive à rien sans l'autre, que les hommes sont nécessairement liés pour parvenir au meilleur de soi-même, ce que nous oublions souvent dans une société moderne indifférente à autrui et aux vertus civiques.

Une complicité originelle

Les femmes ont-elles moins besoin de se mettre à l'épreuve pour vérifier leur amitié ?

Si plusieurs d'entre elles se sont trouvées réunies par une lutte ou un engagement communs — en particulier les féministes —, beaucoup d'amitiés féminines reposent sur l'échange, le dialogue, la confidence : d'emblée, les femmes ont « plein de choses à se dire », des futilités et des choses capitales, des détails de la vie quotidienne et des réflexions graves, des papotages et des remises en question. Il semble que les hommes se découvrent progressivement, lentement, dans l'amitié (hormis les cas extrêmes de danger, guerre, exploit sportif) tandis que les femmes vont droit à l'essentiel, se livrent plus facilement aussi.

Ce que nous ont appris les divers mouvements féministes du monde entier, c'est notre relation de complicité entre femmes, quels que soient la nationalité, l'âge, la culture, le niveau social. La « sororité » n'est cependant pas un sentiment nouveau, mais il a été reconnu récemment, grâce aux mouvements de libération féminine. En fait, cette complicité n'est pas une conséquence de la « lutte des femmes » mais elle est au départ ce qui a permis cette entreprise de libération ; elle représente une vaste et solide association en faveur des femmes bien avant d'apparaître comme un mouvement hostile aux hommes. C'est là du reste la véritable brèche opérée dans le bastion masculin, consolidé par la désunion ou la rivalité des femmes. Face au pouvoir masculin, à l'arrogance mâle, qui divisent pour mieux régner, l'amitié, la solidarité des femmes constituent une puissance éclatante à laquelle ne peut prétendre la seule lutte féministe. Si de nos jours la plupart des hommes sont perplexes, voire envieux devant les amitiés entre femmes, c'est qu'ils sentent là une arme secrète à laquelle ils n'avaient pas pensé, une arme non violente qui les laisse démunis. L'amitié des femmes est une force révolutionnaire à laquelle Marx n'avait pas songé, mais après tout c'était un homme... et quelque peu misogyne !

Là où les hommes ont besoin de la mort, du danger, pour se sentir solidaires, les femmes se sentent naturellement unies par la vie, par le relais qu'elles offrent à la vie. Beaucoup de liens entre femmes se sont tissés autour des mystères et étapes de l'existence féminine : règles, défloration, grossesse, accouchement et allaitement... De là est née, entre murmures et cris, entre secrets et souffrances, une véritable complicité de harem et de gynécée. Par son corps, par les transformations et les flux de son corps, la femme du seigneur se sentait certainement plus proche de sa servante que de son époux. De nos jours, le corps — ses plaisirs, ses soins, ses faiblesses, ses dérapages — tient une bonne place dans les propos échangés entre amies. L'amitié des femmes a toujours une composante charnelle, si l'on peut dire : elle repose sur une reconnaissance du sang de vie. Il faut sans doute voir dans les rites de fraternité masculine une tentative de réplique à cette complicité de sang des femmes.

Parce qu'elles peuvent transmettre la vie, porter et nourrir un enfant, les femmes me semblent plus ouvertes aux autres et à l'universel ; et au cours de leur long esclavage, au milieu des injures et des injustices, des violences et des mutilations, elles ont expérimenté l'aide et le soutien mutuels et elles ont appris que leur liberté coïncidait avec leur amitié. Je pense qu'on n'oublie pas, et que de femme à femme se transmettent ces valeurs vivantes de protection, de sauvegarde. Même si les femmes sont aujourd'hui reconnues égales et libres, du moins en plusieurs pays, elles ne peuvent oublier ce qui fait l'étoffe même de leur longue histoire : la complicité, la proximité charnelle, le soutien et l'aide réciproques (je ne parle pas des femmes de pouvoir et d'argent, des « executive women » qui rivalisent avec les hommes sur des terres masculines pour prouver non leur qualité de femme mais leur pouvoir).

Efficacité et compétition

Si les femmes, par leur nature et par leur histoire, sont ouvertes à l'amitié, pour les hommes c'est à la rivalité, la performance, la compétition que les condamne le plus souvent la société moderne, avec ses impératifs d'efficacité, de rentabilité économique et de réussite professionnelle. Le modèle imposé par la société occidentale veut que l'homme soit conquérant, ambitieux, vainqueur, et que sa réalisation personnelle passe par l'argent, le pouvoir ou la célébrité. Aucune place pour l'amitié, puisque l'autre est en puissance un ennemi, un concurrent, ou un rival : méfiance, prudence, contrôle de soi forgent une carapace sans faille et un écran à toute relation humaine vraie et chaleureuse.

On l'a vu, l'amitié nécessite une relation réciproque et égalitaire, elle peut difficilement se produire dans un système qui instaure la hiérarchie et la compétitivité, où l'autre est perçu comme plus fort ou menaçant. « La relation d'amitié semble possible dans le travail, dit Paul, informaticien. Mais elle se produit au même niveau hiérarchique en général, entre pairs, et plus facilement en dehors de la cellule de base (service, équipe de travail). C'est souvent un centre d'intérêt extérieur au travail qui permet de la développer, car le travail lui-même introduit toujours des conflits de pouvoir qui la contrarient. » Paul en a l'expérience : c'est dans le syndicalisme et dans l'engagement politique qu'il a pu connaître quelques amitiés masculines mais d'où étaient exclues confidences personnelles et intimité.

D'après mon enquête, très peu d'hommes relient leur vie personnelle et leur vie professionnelle, hormis ceux qui ont une activité indépendante ou artistique. Soit ils n'y pensent pas, soit ils estiment préférable cette barrière bien nette entre vie privée et métier. Se méfient-ils à ce point de l'affectivité qui déborderait sur le travail et brouillerait la hiérarchie ? Ou leur a-t-on imposé, comme loi économique efficace, de ne voir en l'autre qu'un instrument de travail, un rouage dans la machine ? Pourtant, de plus en plus d'entreprises s'aperçoivent maintenant que la grande majorité des problèmes rencontrés sont non des problèmes techniques ou économiques, mais des problèmes humains. Dès lors, l'entreprise va proposer des stages à ses employés pour qu'ils sachent mieux « communiquer » et « gérer leurs conflits »... L'*homo economicus* doit réapprendre le contact avec ses émotions et avec son corps ; on lui offre des séminaires afin qu'il retrouve ou découvre ses capacités d'écoute et de dialogue, et sa spontanéité. Mais ne nous y trompons pas : l'entreprise n'a pas un souci philanthropique ; elle ne perd pas ses visées économiques : simplement ses employés « communicants » sont plus efficaces, moins absents, etc. Par chance, il peut s'y adjoindre des retombées personnelles. J'ai animé plusieurs stages d'expression et de communication en entreprise, et ma plus belle récompense — signe que le stage était réussi — venait de ce que des personnes qui travaillaient dans le même service et parfois dans la même pièce depuis trois ou cinq ans se découvraient sur un autre plan et se liaient d'amitié. Le ou la collègue de bureau n'était plus un individu anonyme, restreint à ses seules capacités de travail ou à ses seules compétences : c'était un être humain, susceptible de sympathie, de gentillesse, d'amitié.

Travailler dans l'amitié

Les femmes paraissent désirer, plus que les hommes, des passerelles entre vie professionnelle et vie privée : « Dans les relations de travail, dit Catherine, trente-cinq ans, cadre commercial, l'amitié est souhaitable dans le sens que j'aime bien travailler avec quelqu'un qui a les mêmes goûts que moi et avec qui une complicité peut s'établir ; et si les tempéraments s'accordent, une amitié peut naître et rendre la vie plus agréable. » Et Sabine, dessinatrice, vingt-cinq ans, employée dans un cabinet d'architecture : « Le travail fait dans la bonne humeur et dans l'entente est toujours moins fastidieux et plus fertile. » Quelques femmes sont plus méfiantes : « Moi, je me borne dans le travail à une camaraderie agréable mais qui n'entrera pas dans ma vie privée », déclare Martine, enseignante. Et Marie-France, qui occupe un poste important dans une banque, ne pense pas souhaitable de développer l'amitié dans les relations de travail : « Je tiens à préserver ma liberté d'action, de décision et de confidentialité. »

Le paradoxe est là : le travail occupe la majeure partie de l'existence (en incluant les heures de déplacement) et pourtant la plupart des gens s'empêchent d'avoir des relations amicales avec ceux qu'ils fréquentent le plus. En dehors de leur bureau, de leur entreprise, où et comment vont-ils rencontrer des amis ? Alors ils réduisent ou concentrent leur vie affective sur le couple, la famille, le foyer, ou sympathisent avec les voisins de l'immeuble ou les personnes rencontrées en vacances : maigre vie !

L'autre paradoxe s'applique aux hommes : l'amitié pour eux consiste avant tout à faire des choses ensemble, et cependant, dans leur milieu de travail, ils évitent d'adjoindre la dimension d'amitié à une collaboration quotidienne ou continue. Comme si l'amitié entachait les relations professionnelles, les rendait suspectes, alors que c'est l'amitié qui est sans cesse lésée par les sacro-saintes relations de travail.

Je connais des hommes et des femmes qui travaillent ensemble dans l'amitié et même avec enthousiasme, mais ils ont le plus souvent une profession indépendante ou se trouvent dans deux lieux différents : dessinateur et éditeur, photographe et publicitaire, journalistes, comédiens... Comme ils sont indépendants, ils choisissent de travailler ensemble et l'amitié devient aussi libre choix. De plus, leur poste n'est pas en jeu dans un tel contexte, ni leur avancement ; ils n'ont pas de hiérarchie à respecter, ni un chef, directeur ou patron, de qui se faire bien voir. Pour ma part, non seulement j'ai rencontré la plupart de mes amis grâce à mes diverses activités professionnelles mais j'estime que le grand luxe — et pourquoi s'en priver s'il est possible ? — est justement d'allier travail et cordialité, amitié et créativité. J'ai toujours cherché à travailler ou à monter des projets avec les gens que j'aime ; c'est même là, me semble-t-il, un véritable signe d'amitié. Et s'il m'est arrivé parfois d'accepter une tâche fastidieuse, c'est parce que l'amitié y avait sa part, et non la moindre. Je ne puis classer dans une case à part, ni dans la vie personnelle exclusivement ni dans la vie professionnelle, bon nombre de mes relations actuelles : l'amitié a ceci de commun avec la créativité qu'elle bouge, qu'elle évolue et fait évoluer ; elle est elle-même création artistique qui demande temps, présence, attention, imagination, recherche : pourquoi lui ôter l'apport des talents et des connaissances de chacun ?

Le désir de dominer et la performance empêchent l'amitié qui a besoin de voir en l'autre un être libre et égal. Les personnes qui se sentent en infériorité, les personnes qui se sentent menacées et craignent le jugement d'autrui ne peuvent non plus connaître de véritables amitiés. Il faut certainement avoir confiance en soi pour pouvoir s'ouvrir à l'autre : il faut être sûr de n'avoir rien à perdre, de ne pas « se faire avoir », de ne pas « y laisser des plumes » — expressions que l'on entend couramment et qui disent assez le niveau de méfiance et de compétition que l'on attribue à toute relation humaine. L'amitié transcende ce vieux et tenace schéma qui inflige à toute relation la loi de la jungle : ou on mange l'autre ou on est mangé. Si la relation amoureuse fonctionne encore sur la loi du combat, l'amitié respecte et aime l'autre dans son intégrité et son altérité : l'autre n'est pas dangereux, il n'est ni à séduire, ni à conquérir, ni à subjuguer, ni à abattre ; il vous enrichit, et d'échanger avec lui ne vous enlève rien.

La pseudo-rivalité féminine

Est-ce un héritage féminin ? je ne crois pas connaître le sentiment de la rivalité. Du reste, la rivalité entre femmes, soit dit en passant, me paraît une création masculine, une façon de garder le pouvoir ou l'avantage ; les femmes qui se sentent entre elles rivales ont à ce point intériorisé la stratégie masculine qu'elles se croient indépendantes là où elles ne font que répéter, là où elles se montrent totalement colonisées par l'idéologie masculine du pouvoir. Ce faisant, elles font sans s'en douter le jeu des hommes...

Entre femmes, je connais la curiosité réciproque, la sympathie, le rire, la complicité profonde, la tendresse, le partage simple ; je ne connais pas (ou veux ignorer) l'envie, la jalousie : tout cela me paraît fantasmes masculins, rêves masculins (surtout si deux femmes sont en rivalité pour les faveurs d'un homme !) et puis c'est tellement étriqué et frustrant comme relation !

J'ai parmi mes amis des personnes qui écrivent, et cela me plaît : ils ne m'enlèvent rien, bien au contraire, je suis heureuse quand leurs livres sont publiés et ont du succès, j'en suis même fière. En revanche, une femme qui écrit et qui a une relation amoureuse avec un écrivain s'exposera inévitablement à des problèmes de compétition, à une confrontation narcissique : la femme qui écrit, prend la parole, vient pâturer sur les terres que s'était depuis tout temps réservées le maître et seigneur.

Oui, je suis fière de mes amis, en raison de ce qu'ils représentent de qualité humaine, en raison de leur action, de leur création. L'admiration réciproque, du moins une estime véritable, est à la base de la relation d'amitié, tandis que cette composante, à mon avis essentielle, est loin d'être présente ou même recherchée dans une histoire d'amour. L'admiration est une expérience d'élévation et d'épanouissement de l'être ; elle suscite l'émulation, elle donne envie de beauté, elle est garante de la durée et de la constance des sentiments. Les personnes que j'admire pour leurs qualités humaines, leur art ou leurs activités, j'ai inévitablement envie de les rencontrer et aussi de les aimer, de les avoir pour amis.

La peur des sentiments

La difficulté à vivre des relations amicales dans son milieu de travail indique à quel point notre société se méfie du sentiment et réprime l'expression de l'émotion et de la sensibilité dans la vie de tous les jours. Il y entre, aussi, une autre composante : la crainte du favoritisme dû à l'amitié. Comme si l'amitié faisait perdre la lucidité et la capacité de juger et d'estimer la valeur de l'autre. On se trompe, c'est le sentiment amoureux qui aveugle, idéalise, ou fourvoie. Mais le prétexte — cette peur du « copinage » — ne tient pas longtemps quand on se rend compte que dans le milieu professionnel règnent le piston, la « magouille », qui, eux, sont non « suspects » d'amitié... Bref, on admet un favoritisme cynique et utilitaire, dicté par des raisons financières, économiques, politiques, et on se montre chatouilleux lorsqu'une personne fait appel à un ami pour ses compétences.

Décidément nous vivons dans des boîtes bien closes : dans l'une il y aurait les relations de travail, les personnes efficaces, dans l'autre il y aurait les amis (qui ne peuvent être ni efficaces ni compétents, ni avoir accès au travail) ; dans l'autre se trouvent enfermés ma sensibilité, mon désir d'aimer et d'être aimé ; dans une autre encore mon besoin de réussir, de faire mes preuves, d'être félicité et gratifié, etc. Comment peut survivre un individu ainsi émietté, coupé à ce point de lui-même, de sa spontanéité ? Il va survivre en se ruant dans le travail : ce qu'il y a de plus tangible, de plus concret, ce qui va lui apporter des compensations (à ce qu'il a perdu de soi, de son être, de ses rêves d'amour) par l'argent ou la considération sociale. C'est pourquoi tous les hommes qui séparent nettement leur vie professionnelle de leur vie personnelle laissent très vite leur travail empiéter sur leur vie privée et finalement ne vivent plus que leur vie professionnelle. Où est dès lors l'amitié, puisque le milieu professionnel la dénie ou la suspecte ? L'amitié assemble deux êtres humains entiers, non deux robots.

Ce serait une grande révolution si les personnes d'un même bureau se mettaient vraiment à avoir des relations amicales entre elles, commençaient à se regarder avec amitié : non seulement elles seraient plus heureuses, plus épanouies, mais elles obtiendraient beaucoup plus qu'aucune grève ne fera jamais. Là, elles revendiqueraient pour l'être et non pour l'avoir : enfin, ce serait nouveau dans le paysage social !

Je suis certainement candide ou idéaliste, mais je n'ai jamais compris pourquoi les personnes faisaient tout pour se priver de joies dans leur existence, comme par exemple s'empêcher d'avoir des amis sur leur lieu de travail, éviter d'être en contact avec des gens qu'on aime, cacher ses sentiments et refuser la rencontre, le dialogue — bref se priver de tout ce qui enrichit et embellit une existence humaine. Pourquoi tant de personnes se résignent-elles à vivre à moitié ou au dixième d'elles-mêmes, se contentant d'une existence bien réglée à deux temps : le travail (obligé) et la vie privée (réduite à quelques heures de repas, télévision et obligations familiales) ? Aime-t-on souffrir à ce point, aime-t-on être malheureux, emprisonné, soumis, au point de ne jamais envisager que la vie professionnelle puisse aussi être riche de découvertes et de relations humaines, et que la vie privée puisse se décliner en silence, lecture, musique, rencontre et découverte d'amis, création personnelle ? Ou manque-t-on à ce point d'imagination ? Ou chérit-on la médiocrité tranquille parce que là, au moins, on ne se fait pas remarquer et donc on ne vous demande rien : il n'y a « pas de problème » ?

Choisir l'amitié

Si on ne sème pas, on ne récolte rien : c'est vrai de l'amitié comme des champs de blé. Si l'on ne va pas vers l'autre, si l'on ne répond pas au sourire ou à la proposition de l'autre, on reste dans l'attente stérile. Vivre l'amitié dépend d'un choix personnel : on ne la reçoit pas « toute rôtie », on ne l'acquiert ni par naissance, ni par droit, ni par l'argent. Une relation sexuelle, le plaisir, peuvent s'obtenir par l'argent et le pouvoir, c'est même très facile et c'est dans l'air du temps, de notre époque « fast food » et « kleenex » : prêt à consommer, prêt à jeter. L'amitié, heureusement, échappe à ces sordides paramètres, et l'homme le plus riche, le plus puissant du monde ne peut ni acheter, ni s'annexer la plus petite parcelle d'amour, d'amitié, de beauté, d'âme, d'éternité : c'est à ce genre de détails qu'on reconnaît qu'il y a une morale en ce bas monde, ou du moins un Dieu de Justice et d'Équilibre...

Les individus pressés et débordés, ceux qui font passer avant tout leur carrière et leur compte en banque, leur renommée et leur influence, donc leur cher petit moi, connaîtront une existence dénuée d'amitiés, mais non de relations ou liaisons amoureuses (avec des personnes également intéressées ou débordées, égoïstes ou affairistes...).

Ils auront dans la vie ce qu'ils ont choisi : le pouvoir, l'argent, les relations, la célébrité.

Il est simpliste de toujours incriminer la société moderne en absolvant la passivité de l'individu. La vie citadine, le système économique, le mythe du progrès, les techniques nouvelles, le modernisme, l'urbanisme concentrationnaire, les transports en commun, la télévision et le walkman, etc. ne facilitent sans doute pas l'amitié ni les relations chaleureuses entre humains, mais il dépend de chaque individu de faire ou non place dans sa vie à la rencontre, au dialogue. « Où est ton trésor, là aussi sera ton cœur », dit Jésus. A chacun de choisir comme trésor les biens matériels, le pouvoir, la carrière, ou les relations humaines, les biens immatériels et inestimables que représentent l'amitié, l'amour, la tendresse, la bonté, la bienveillance, l'entraide. La personne qui oriente toute son existence, qui met toute son attention, son temps, son énergie et ses efforts, à devenir riche, influente ou célèbre y arrive ; elle aura ce qu'elle souhaite, ce à quoi elle a consacré sa vie. De même pour l'amitié, qui n'est ni un passe-temps ni un loisir secondaire : l'individu qui a placé son trésor dans l'amitié connaîtra une vie riche en amis.

Il demeure que ces derniers, amateurs d'amitié comme il y a des amateurs de tulipes ou de peinture — sont nettement plus rares que l'autre catégorie, et qu'ils sont ce qu'on appelle des idéalistes : ils mettent au premier rang ce qui est complètement gratuit, échappe à tout marché économique, à tout intérêt personnel. L'amitié, en effet, ne sert à rien : elle rend simplement la vie plus belle, plus douce, plus profonde. Ces amateurs vont à contre-courant des idées reçues et des comportements acquis, qui font de l'homme un loup pour l'homme et de toute relation un échange mensonger.

Dans une société marchande et profane, dans une

société qui tourne fou parce qu'elle a vendu son âme, l'amitié demeure un repère lumineux qui aide à avancer et qui persiste sur la paroi de la caverne où, selon Platon, nous sommes enfermés.

Être vivantes ensemble

Être bien ensemble, parler, rire, rêver, contempler la nature, voyager, écouter de la musique : voilà ce que représente l'amitié d'après les femmes interrogées. « Ce que je ressens dans l'amitié, note Louise, à soixante-quinze ans, c'est la compréhension, la communion, la recherche d'un nid vers lequel on se réfugie. » Les femmes ont fait de l'amitié une façon d'être, de savourer l'existence, comme en témoigne le récit d'Hélène : « Pour parler de l'amitié, je ne peux parler que de la paresse, du non-agir, de la sieste, de la "traîne", du silence, des heures qui s'étirent dans le soir, des très longs petits déjeuners, mais sans nul doute elle est là, l'amitié, derrière tous ces gestes, tous ces repas qui s'attardent, ça fuse, ça invente, ça électrise, ce sont deux femmes ensemble sur une terrasse face à la montagne, dans les odeurs d'herbe coupée. Ce sont deux femmes dans de longues soirées d'été ; elle est là, l'amitié, elle flotte, nous enveloppe, subtile, levant nos masques jour après jour, débridant nos habitudes, débusquant nos rires. Nous nous découvrons. Une amitié naît.

« Dans les longues heures du soir, elle fait des patiences sur ses genoux, nous écoutons de vieux disques, *L'Opéra de quat'sous*, Léonard Cohen. La nuit est là et nous sommes dans son épaisseur, dans cette grande maison isolée au-dessus de la colline. Je n'ai pas peur. Il y a mon amie. Pouvoir sécurisant de sa présence pourtant fragile. Les loirs grignotent avec ardeur bois et laine de verre...

« Une nuit nous ne parvenons à dormir ni l'une ni l'autre. A trois heures du matin, nous montons sur la terrasse pour regarder ensemble les étoiles qui paraissent immenses. Heure magique. »

Être amies, c'est être vivantes ensemble et c'est demeurer proches en toutes circonstances : « L'amitié, dit Marie, donne capacité commune à faire vivre l'autre en son cœur, en son âme. Une sorte de gémellité choisie ! »

L'amitié entre femmes repose avant tout sur le partage du cœur, quels que puissent être par ailleurs les engagements respectifs, le style de vie de chacune.

Fred Zinnemann a merveilleusement évoqué dans le film *Julia* (qui date de 1977) l'amitié de deux femmes très différentes et unies en dépit de la distance et de leurs activités. L'une, Lillian, est écrivain et vit en couple, l'autre, Julia, est une militante antifasciste à l'existence plus solitaire et mouvementée. Le destin de ces deux femmes est lié par l'estime réciproque et la tendresse. L'artiste et la combattante se respectent et s'admirent dans leurs engagements respectifs et leur loyauté, et parviennent à se voir malgré des temps troublés. L'ultime signe d'amitié et de reconnaissance est donné par Julia : en même temps qu'elle apprend la mort de son amie, Lillian découvre que Julia a une fille, qu'elle a prénommée Lillian.

L'amitié active

Les hommes sont-ils moins romantiques, plus pudiques ou timorés dans leurs amitiés ? Il est difficile d'obtenir d'eux des témoignages aussi explicites, aussi enthousiastes ou sensuels que ceux des femmes. Peut-être manquent-ils de mots pour dire cette expérience, peut-être ont-ils peur de paraître ridicules. Un homme a évoqué « l'amitié entre mecs » en disant que « les relations amicales entre hommes ne sont pas de même nature que l'amitié entre femmes ». Le vocabulaire, volontairement rude ou vague, désigne cette différence.

Mais ils la vivent, cette amitié, même s'ils ne rêvent ni ne dissertent sur elle. Ils la font (« je fais mieux l'amitié que l'amour », confiait Cocteau), ils la font en mangeant, en rigolant ensemble, en faisant du vélo le dimanche et en pédalant comme des fous ou en jouant au tennis ; ils la font en bricolant des étagères, en aidant l'autre à déménager ou à s'installer ; ils la font en écrivant un livre ensemble, en collaborant au même film... « L'amitié se construit souvent ou plus facilement autour d'activités communes », déclare Vivien : parole d'homme.

Cette amitié « active » entre hommes implique engagement et fidélité, et elle s'élabore parfois très tôt. C'est le cas de quatre hommes que je connais bien, qui ont aujourd'hui la quarantaine. Ils se sont rencontrés tout simplement dans le même lycée parisien où ils étaient en « math élem ». Une camaraderie a commencé lorsque Bertrand, plus doué en mathématiques, aidait Antoine ou lui passait les solutions. Chacun a fait des études supérieures dans des domaines relativement différents (École polytechnique, Navale, Beaux-Arts, HEC), et ils ont toujours gardé contact, ils ont même pris une semaine de vacances ensemble pour faire le point sur leur amitié, sept ans plus tard. A ce moment-là trois d'entre eux étaient mariés et le quatrième célibataire. Les épouses ont très bien compris ce genre d'escapade et de réunion « entre hommes ». Depuis, deux ou trois d'entre eux arrivent, par leur profession indépendante, à travailler de conserve sur certains projets ou se donnent mutuellement des conseils. C'est une amitié solide, qui se construit et se développe, au lieu de n'être que joyeux souvenir de potaches. Les quatre amis savent qu'ils se verront toujours, quelle que soit la vie privée de chacun (mariage, divorce, enfants, travail à l'étranger). Un cas de longue amitié assez rare, et réconfortant.

Gaël et Romain, eux, sont réunis par leur activité de pilote d'hélicoptère, ils ont affronté ensemble ou séparément des difficultés techniques, météorologiques, ils ont eu aussi des accidents, ils sont passionnés par leur métier et, quand ils se voient, ils en parlent bien sûr mais aussi, comme pour chasser l'angoisse, le danger toujours présent, ils font de grands festins et se racontent des blagues.

La curiosité intellectuelle, le partage d'idées politiques, philosophiques, la découverte de nouvelles techniques (informatique, surtout) sont importantes pour les amis. Créer, agir, lutter ensemble : ces trois mots résument assez bien la nature de l'amitié masculine.

Michèle Montrelay, psychanalyste, insiste sur ce point : « L'affect chez les hommes n'est pas le même que chez les femmes, et le corps, en particulier, n'y a pas le même statut. Les amitiés masculines reposent sur un faire commun, mais aussi sur une estime, ou sur le fait d'être bien avec l'autre. Un homme a des amis dans son milieu de travail, même s'il ne les évoque pas : il a besoin d'amis pour affronter cette jungle ; mais chez l'homme l'amitié ne passe pas par la confidence, le bavardage. L'éthique de l'amitié, pour eux, se définit par : « Je peux compter sur lui. » Ce sont souvent des amitiés silencieuses, non déclarées. Ils n'ont pas besoin de parler pour communiquer ou faire ensemble.

« Pour un homme, l'amitié a une connotation importante de liberté : c'est respirer en dehors de chez soi — et le milieu de travail permet aussi de respirer. Au fond, je suis persuadée que l'amitié est une valeur qui demeure beaucoup plus indispensable chez les hommes que chez les femmes : dans l'ensemble les hommes peuvent se passer parfaitement des femmes, sauf des mères. Ils ont besoin d'être maternés : je dirais que trois hommes sur quatre recherchent une mère ; mais c'est avec les hommes qu'ils sont dans leur élément. »

Faire la chaîne

Je vois dans la franc-maçonnerie véritable, spirituelle, la sublimation de l'amitié entre hommes : il ne s'agit pas seulement de s'épauler, de s'entraider sur le plan matériel et relationnel, mais ensemble de réfléchir et de construire un monde meilleur, de s'améliorer soi-même pour améliorer le monde : programme de bâtisseurs, celui de Gilgamesh et d'Enkidu, et des amis selon Aristote et Cicéron. La franc-maçonnerie, réservée aux hommes dès l'origine, apparaît comme le plus pur avatar de l'amitié virile antique, fondée sur la vertu, l'émulation vers le Bien, et transcendant les barrières du temps humain et du trépas.

Les francs-maçons disent volontiers que leur « ennemi » le plus fréquent est la femme, l'épouse qui ne comprend pas, devient suspicieuse et jalouse du temps que son mari consacre à ses réunions, à ses « frères ». Il existe partout des femmes possessives, mais ce genre d'attitude doit nous interroger : pourquoi qualifier de misogyne la franc-maçonnerie qui offre aux hommes un espace privilégié de rencontre avec soi-même et avec d'autres ? Pourquoi l'homme marié devrait-il consacrer tout son temps à son foyer, en se niant lui-même, en sacrifiant son temps et sa recherche personnels ? Les femmes ont entre elles beaucoup de moments qu'elles ne partagent pas avec les hommes, d'où les hommes se sentent même exclus : l'équilibre et la justice veulent que, du côté des hommes, il y ait aussi cette possibilité de réflexion, de retrouvailles. Dans les années 70, faisant suite aux revendications féministes et à la mise en question de l'autorité masculine, patriarcale, des groupes d'hommes se sont créés, timides, peu nombreux — comme s'il était ridicule ou étrange de se retrouver et de parler entre hommes (alors que les groupes de femmes, très nombreux, paraissaient aller de soi). De nos jours il n'y en a pour ainsi dire plus. Peut-être avaient-ils l'impression de tourner en rond, d'avoir des échanges très narcissiques. C'est là que la fraternité maçonnique apparaît supérieure et destinée à durer parce qu'elle se réfère à une transcendance ; elle verticalise la rencontre et l'amitié masculines qui, dans les groupes profanes, restent sur le plan horizontal de la psychologie, de la confidence, du cas social, du soutien humain ou de la lutte politique, etc. Si un homme cherche véritablement à vivre une amitié avec d'autres hommes, s'il cherche autre chose qu'une oreille attentive ou complaisante, s'il veut faire de sa vie une œuvre d'art, et si dans son entourage il ne ressent d'affinité avec personne, pourquoi ne pense-t-il pas à entrer en maçonnerie ? Les amis maçons que je connais m'ont dit que c'est là, dans cette fraternité, qu'ils avaient expérimenté le meilleur d'eux-mêmes.

Un air de liberté

J'ai vécu la situation à plusieurs reprises : avec une amie nous nous téléphonons régulièrement, nous arrivons à nous voir souvent, nos rencontres sont profondes, vraies, tendres, rieuses aussi ; et puis cette amie devient amoureuse d'un homme et, systématiquement, que cet homme soit ou non possessif et jaloux, les appels et les visites s'espacent, l'amie vit en recluse son histoire d'amour où apparemment l'amitié n'a pas place... Je l'accepte plus ou moins bien, non que je me sente frustrée d'une amitié mais parce que je trouve ce comportement tellement contraire à la vie, au flux et au rayonnement de la vie. Les mois passent, et puis un jour je reçois à nouveau un appel de cette amie, un peu honteuse, vaguement coupable. J'apprends très vite qu'avec son homme cela va mal, ou cela ne va plus du tout. Déçue de l'amour, brisée, hagarde, la femme se souvient alors des douceurs de l'amitié et elle vient s'y consoler.

Pourquoi, mais pourquoi le sentiment amoureux conduit-il à un enfermement, à faire le vide autour des deux héros de l'histoire qui se sentent seuls dignes de partager entre eux le gros gâteau de miel ? Moi, si je suis heureuse et amoureuse, j'ai plutôt envie de le partager avec les amis, cela me relie et m'ouvre au lieu de me refermer sur moi et sur l'autre.

Ce qui peut empêcher l'amitié entre femmes, c'est donc non leur prétendue rivalité mais l'irruption d'une passion exclusive qui renvoie loin derrière l'amitié. L'échelle de valeurs en matière de sentiments reste immuable : l'amour romanesque est bien plus coté que l'amitié. Cette surestimation du sentiment amoureux, puis du couple, conduit les femmes tout bonnement à l'isolement et à l'enfermement, les amies faisant office d'alternative à l'histoire amoureuse. Comme si on ne pouvait pas tout vivre à la fois, comme si telle relation empiétait sur l'autre... L'amitié continue, dans les mentalités et les comportements, d'être considérée comme une affection mineure ; pourtant elle offre, entre mille avantages, d'allier sentiments forts et raison, lucidité, intelligence : dans l'amitié on ne bêtifie pas, on ne régresse pas, alors que le sentiment amoureux mène à des conduites aberrantes et à ce qu'on pourrait prendre pour du gâtisme. Comme l'écrit si justement Danièle, célibataire épanouie de quarante-cinq ans, « l'amitié implique pour moi le respect profond de l'autre et de soi-même ». Oui : le respect de soi-même, la dignité, la fierté même. Dans l'amitié une femme ne s'abaisse pas, ne devient pas esclave ; au nom de l'amitié une femme n'acceptera pas d'être battue par l'autre, d'être exploitée et humiliée par l'autre ; mais au nom de « l'amour »... tous les sévices, toutes les conduites nocives, perverses ou infantiles sont possibles et, pire, admises. D'un homme, on peut dire qu'une femme amoureuse « l'a dans la peau » ; l'amie ou l'ami, on « l'a dans le cœur » : c'est déjà plus profond.

Katherine Mansfield, qui s'était elle-même laissé prendre au piège et à la prison du sentiment amoureux, avait compris que, pour une femme, cultiver l'amitié équivalait à obtenir ou conserver sa liberté. En mai 1908 elle note dans son *Journal**: « Si nous sommes si cruellement enchaînées, c'est la faute de l'insipide théorie qu'on rabâche, qu'on serine aux femmes de génération en génération, et d'après laquelle rien n'a d'importance que l'amour. Cette balançoire, il faut l'envoyer promener, et alors, alors seulement apparaissent les possibilités de bonheur, de libération. »

Hommes aimés, hommes victimes

Qu'est-ce qui empêche les hommes d'avoir des amitiés masculines ? D'après mon enquête, un trio costaud fait office de barrage : le couple (« j'ai ma femme »), le tra-

---

* Éd. Stock, 1973.

vail (« je n'ai pas le temps »), la famille (« la famille, c'est sacré, ça passe avant tout »).

Le travail, les responsabilités professionnelles sont le plus fréquemment invoqués par les hommes qui « ne trouvent pas le temps pour l'amitié », comme si cela représentait une excuse noble. Mais l'amitié suppose un engagement aussi fort que le métier et les rendez-vous professionnels ; c'est une responsabilité (un devoir, une obligation réciproques) du cœur et de l'esprit. Ceux qui n'accordent pas de temps à l'amitié ne sont pas plus débordés que les autres, ils ont simplement mis la priorité, sinon tout misé, sur la carrière, la réussite sociale et financière, et autres vessies et lanternes. Ils ont ce qu'ils méritent et qu'ils recherchent : l'argent, la considération, le pouvoir. Mais l'amitié aussi se mérite et elle ne se contente pas de bribes de temps, de miettes de présence.

Plusieurs des hommes interrogés se font du couple une image si étriquée qu'ils y étouffent vite, et avec bonne volonté, au lieu de se garder des respirations, des espaces de liberté dans la solitude ou l'amitié. Ce ne sont pas des hommes craintifs, ni victimes, mais ils se comportent en petits garçons face à une Mme Tapdur : comme ils « l'aiment », comme ils l'ont même épousée, ils sont persuadés que tout leur temps, toutes leurs pensées doivent converger sur elle, n'avoir qu'elle pour destinataire. Ce n'est pas la dame en question qui va s'en plaindre : elle mesure ainsi l'étendue de son emprise ; il « l'aime », c'est-à-dire qu'il a renoncé à toute vie personnelle, s'est amputé de lui-même, n'existe plus en dehors d'elle.

Certaines femmes ne supportent pas que leur mari puisse avoir des échanges d'idées et de sentiments en dehors d'elles. Leur jalousie, leur suspicion sont d'autant plus redoutables que ces femmes manquent de confiance en elles-mêmes, et craignent donc de perdre leur proie ou d'être abandonnées. L'emprise sur l'homme, qui joue sur la culpabilisation, se renforce lorsqu'il y a un enfant : c'est dès lors le couple sacré mère-enfant qui doit accaparer toute la dévotion, toute la vie affective de ce pauvre malheureux (on comprend pourquoi ces hommes préfèrent travailler douze ou quatorze heures par jour, loin de leur doux logis...).

Marc et Vincent sont amis depuis quinze ans. Quand ils se sont rencontrés, Marc était célibataire et Vincent vivait en couple mais recevait et sortait beaucoup. Puis Marc s'est marié, et peu à peu la distance s'est instaurée. Sa femme le voulait tout à elle, et se voulait tout pour lui (l'idéal fusionnel par excellence, donc voué à la catastrophe à brève échéance). Marc a accepté, il a vu de moins en moins ses amis, dont Vincent, puis il s'est chargé de plus en plus de responsabilités dans son travail (un euphémisme pour exprimer que l'homme craint l'ennui, les scènes et récriminations à la maison, qu'il évite le face-à-face). Sa femme, qui avait renoncé à travailler à l'extérieur et désormais consacrait son temps à son enfant, se voyait à nouveau dépossédée de son mari, mais cette fois par le métier et le souci de sécurité, bien légitime, ma foi, pour un père de famille. Ainsi va la vie du couple, de rétrécissement en frustration, jusqu'au jour où Marc se ressaisit, se souvient qu'il avait, avant, des amis, et leur téléphone. Depuis, Marc va beaucoup mieux : il travaille toujours intensément, mais il voit Vincent et d'autres amis en cachette de sa femme. Il annonce parfois à sa femme qu'il rentrera plus tard : ce n'est pas pour voir une hypothétique maîtresse, mais pour parler un long moment avec Vincent, pour rire, pour respirer, pour rencontrer d'autres êtres humains que sa vampirique épouse.

Thierry a un jour procédé à un sauvetage en urgence auprès de Francis, un ami de dix ans, qui s'étiolait gentiment auprès de sa femme et de leur bébé : depuis qu'il s'était marié, il avait renoncé à sa passion pour la menuiserie, il pouvait rarement rester seul même à jardiner ; sa femme et le bébé constituaient son seul univers, et les amis d'avant évitaient plus qu'ils ne respectaient ce bonheur conjugal sentant le renfermé. Mais Thierry, lui, ne s'est pas résigné ; il était si catastrophé de voir Francis réduit à l'ombre de lui-même, et à l'ombre de sa femme plus niaise que dominatrice, qu'il a débarqué chez lui un beau jour et, sous prétexte d'avoir besoin de son aide expresse, il l'a emmené en voyage quelques jours, sans sa femme et sans le bébé. A la fin de cette escapade, Francis avait repris « du poil de la bête » mais n'avait plus envie de regagner les mornes pénates.

Si les hommes étaient moins faibles et moins complaisants, s'ils étaient dans leur vie privée aussi exigeants et aussi efficaces qu'ils se montrent dans leur vie professionnelle, ils devraient s'éloigner d'une femme possessive non pour aller rejoindre une autre femme mais pour aller retrouver les amis ou pour faire retraite.

Une femme ne doit pas chercher à savoir ce que se disent entre eux les hommes : c'est leur secret, leur liberté, leur intimité — même si c'est à base de bricolage, de sport, de grande bouffe ou de rigolade... L'homme ne vit pas du tout les mêmes choses avec ses amis et avec sa femme : pourquoi les mettre sur un plan de rivalité ?

Le troisième obstacle au développement ou au maintien des amitiés masculines est représenté par la famille. Une grande majorité d'hommes ont le culte et le respect craintif de la famille, qu'ils font passer avant les amis, avant les rencontres nouvelles qui peuvent surgir. Les hommes me paraissent plus attachés que les femmes aux liens du sang, à la filiation, au patrimoine, aux réunions de famille régulières. Cela doit renvoyer à la nature même de leur paternité, toujours putative : ils se rassurent par les preuves tangibles, par les structures, alors qu'une femme qui a porté et mis au monde un enfant sait d'expérience les liens du sang et de la chair, elle a vécu la filiation et n'a pas besoin de confirmation. Bref, la famille (parents, frères et sœurs, oncles et tantes) accapare le dernier bout de temps libre que n'ont pas dévoré le travail et le couple.

Hommes entre eux

L'individu masculin doit vraiment se libérer, devenir moins dépendant de sa femme, du couple prison, des stéréotypes de réussite sociale et financière, de travail forcené synonyme de haute responsabilité. Pour cela, il a tout avantage à imiter les femmes, à prendre les mêmes moyens qu'elles : c'est-à-dire emprunter les chemins de l'amitié. Lorsque les femmes ont voulu se dégager d'un joug marital humiliant, d'une domination masculine omniprésente, et retrouver leur identité, qu'ont-elles fait ? Elles se sont réunies entre elles, elles ont parlé, réfléchi, imaginé, rêvé, ri entre elles. Et elles se sont aperçues (ô scandale) qu'elles pouvaient survivre sans homme, existaient indépendamment du couple, de la procréation et de la famille.

On peut comprendre pourquoi certaines amitiés masculines paraissent s'établir ou fonctionner à l'encontre des femmes sur une sorte de base misogyne (clubs anglais, mouvements de pères divorcés, groupes sportifs) : auprès de leurs amis, les hommes veulent s'assurer de leur virilité, une virilité que n'a pas complètement détournée ni éteinte la femme exclusive ; avec leurs amis les hommes retrouvent une relation égalitaire, tandis qu'ils se sentent vaguement manipulés par leur chère et tendre épouse ; avec leurs amis les hommes savourent le petit air de liberté qui se fait si rare à la maison-prison et ils vérifient que toute leur vie émotionnelle, affective, n'a pas été monopolisée par leur couple.

En perdant ses amis, on perd des repères, son miroir fidèle, sa liberté individuelle. Délaisser ses amis — au nom d'une histoire amoureuse ou conjugale — revient à se priver d'une partie de son histoire, d'un grand pan de sa vie affective, intellectuelle ou spirituelle : c'est à la fois une grave infidélité envers eux et une trahison commise envers soi-même.

Une erreur fréquente consiste à vouloir que les amis du mari deviennent les amis de la femme ou du couple, alors que les affinités ne se commandent pas et que chaque amitié a son histoire et s'adresse à une singularité. De même pour les amies de la femme, qui ne sympathiseront peut-être pas avec l'homme ou auront des échanges moins profonds. Il est tentant, bien sûr, de vouloir partager ses amis, mais pour éviter l'étouffement du couple il est indispensable que chacun trouve son enrichissement et son équilibre personnels, et rencontre donc des amis de façon individuelle au lieu de les ramener systématiquement à la maison. Les « amis du couple », les « amis de la famille », ça ne veut rien dire : on n'est pas ami avec une entité, un symbole, un groupe ou une tribu ; on est ami avec une personne bien précise. Il est bon que chaque individu vivant en couple ou en famille puisse avoir des lieux et des moments de liberté, « une chambre à soi », disait Virginia Woolf, un espace paisible, préservé, où il choisit de se retrouver seul ou de rencontrer des amis. Dans le cas inverse où toute relation, toute amitié, toute affectivité convergent sur le couple, les amis finiront par représenter une soupape de sécurité, un remède à l'ennui ou à la peur de l'intimité, et même une sortie de secours.

Une femme peut rêver d'être pour son compagnon

l'amante, l'épouse, la sœur, l'amie, la mère, en digne descendante de la déesse Isis ; mais, si elle met ce projet à exécution, elle se transforme vite en mante religieuse exigeante et vorace, interdisant ou absorbant toute relation personnelle de l'homme. Être Isis, ce n'est pas un contrat d'exclusivité mais de diversité. Être amie avec son mari n'empêche nullement que celui-ci apprécie d'autres amis et les rencontre en dehors de sa femme. J'ai la conviction de dire des banalités, mais quand on constate le nombre de femmes prises au piège, le nombre équivalent d'hommes victimes de leur couple, le nombre de divorces et de malentendus, parce que chacun avait la prétention de trouver tout en l'autre, donc de demander tout à l'autre, parce que chacun s'imaginait être tout pour l'autre et renonçait à tout pour l'autre, bref quand on constate cet attelage-esclavage candidement consenti dans le couple ou le mariage, on se dit qu'il est urgent d'enfoncer des portes et des fenêtres pas si ouvertes que ça...

Les gestes de l'amitié

Les gestes et les manifestations de l'amitié ne sont pas les mêmes entre les femmes et entre les hommes : pourquoi s'en étonner, puisque nous sommes différents ? Mais nous succombons à la confusion entre égalité et identité, entre mixité et unisexe, nous finissons par croire que les hommes sont comme les femmes, qu'ils expriment leurs émotions et les sentiments à la manière des femmes, qu'ils devraient donc se comporter comme les femmes, s'exprimer comme elles, etc. L'illusion consiste à croire que, parce que l'homme et la femme sont reconnus égaux dans notre société et parce qu'ils sont souvent ensemble ou mélangés, ils sont pareils. L'homme et la femme (encore un truisme salutaire !) ne sont pas identiques, mais il semble que la femme d'aujourd'hui ait davantage rencontré son identité profonde alors que beaucoup d'hommes en restent aux masques et simulacres.

Entre deux amies, les mots doux, les gestes tendres, les petits noms ou surnoms sont fréquents. Une amitié sans embrassades, sans câlineries, sans contact corporel, paraît à une femme une amitié privée de vie, privée de joie et peut-être d'authenticité. Les hommes ont sans doute moins besoin d'incarner les sentiments, les affections, de les manifester physiquement : même liés d'une longue amitié, deux hommes éviteront de s'embrasser, de se serrer l'un contre l'autre.

Les corps, les sensations tiennent une place importante dans l'amitié féminine : on n'y parle pas seulement mode et chiffons, mais on s'intéresse au visage de l'autre, à sa silhouette, à la beauté ou à la fatigue des traits. Deux amies se feront volontiers entre elles des soins d'esthétique, de coiffure, massages et maquillage — ce qui paraîtrait tout à fait incongru entre hommes (juste bons à fréquenter ensemble piscine, douches, sauna et salle de musculation d'un club de remise en forme). Entre femmes, on se fait aisément des « déclarations » : « comme je suis bien avec toi ! », « quel bonheur de te retrouver ! », « je t'aime beaucoup, n'oublie pas », « tu me manques : quand vais-je te voir ? », « ma douce, prends soin de toi », etc. Cela tient de la sollicitude maternelle, de l'amour protecteur et vigilant, de l'émerveillement, de la consolation et de la gratitude.

L'homme et son désir

Les hommes pourront, entre amis, se complimenter sur un choix de chemise, de cravate, de coiffure même, mais ils aborderont rarement l'aspect physique de l'autre, craignant de s'aventurer sur un chemin équivoque. On dira qu'ils sont pudiques ou qu'ils font moins attention à l'apparence que les femmes... en fait ils mettent le corps hors jeu parce qu'ils ne lui trouvent pas sa juste place dans l'amitié. Une femme peut dire à une amie qu'elle a une taille fine, ou de belles jambes, ou que son décolleté est ravissant, sans s'inquiéter, sans passer pour lesbienne, c'est-à-dire sans que le désir intervienne. Un homme, me semble-t-il, a beaucoup de mal à distinguer la sensualité de la sexualité ; aussi fait-il un amalgame, et il évitera d'évoquer trop précisément le corps de l'autre, son charme, de crainte de passer pour homosexuel.

Plutôt que d'invoquer une homosexualité latente ou le tabou de l'homosexualité, je pense que peu d'hommes ont réfléchi sur leur fonctionnement et qu'ils sexualisent spontanément des relations qu'ils ressentent agréables et se les refusent. Les hommes me paraissent beaucoup plus dépendants que les femmes du désir et du plaisir sexuels ou ont plus de mal à éprouver du plaisir en dehors de la sphère sexuelle : une sensation tactile, olfactive, un émoi visuel seront pour eux presque toujours liés à la sexualité comme un appel ou une signature.

Les femmes relieront moins systématiquement les sensations délicieuses ou douces à la sexualité, et je crois que la grande différence se cache ici : la sensualité est vécue par une femme comme plus importante que la sexualité (stricte, j'allais dire, réduite au minimum), son corps s'épanouit autant sous les caresses du vent, du soleil ou de l'eau que dans l'étreinte de son amant. Quand une femme évoque un désir d'intimité avec un être, l'homme traduira aussitôt cela en termes de lit, de jeux amoureux, d'acte sexuel — là où la femme verra partage profond, silence, confidence d'âme à âme, secret échangé. C'est pourquoi beaucoup de femmes vivent entre elles cette intimité tout en partageant leur vie quotidienne et sexuelle avec un homme. C'est pourquoi beaucoup de femmes ont délaissé une intimité réduite à la chambre à coucher et à la sexualité pour aller vivre, seules ou entre femmes, cette soif de rencontres vraies, sensibles, créatrices, à laquelle le désir ne fait pas écran et que n'étanche pas le plaisir sexuel.

L'homme construit souvent son identité sur sa capacité et sa puissance à désirer ; il est vrai que son fonctionnement sexuel et son plaisir en dépendent, alors que la femme peut éprouver des jouissances diverses, et non limitées au seul domaine de la sexualité. La sensualité ne suffit pas à un homme — c'est un apéritif — ; elle peut combler une femme.

L'amitié féminine est à l'amitié entre hommes ce qu'un jardin à l'anglaise est à un parc à la française : plus variée et vagabonde, sensuelle et secrète, inquiétante et déroutante, jouant sur la fantaisie, la découverte. L'amitié masculine se présente comme plus active, moins paresseuse, plus intellectuelle, avec moins de remous, de méandres, de dangers. Esprit de géométrie, esprit de finesse, il faut de tout pour faire un monde où hommes et femmes puissent se découvrir, s'apprécier, au lieu de se copier ou de s'uniformiser.

On voit pourquoi les hommes éprouvent quelque réticence à oser des gestes tendres avec leurs amis, à employer des mots doux qu'ils réservent aux femmes : la sensualité allant de pair selon eux avec le désir et la sexualité, ils vont l'éviter soigneusement dans une relation autre qu'amoureuse. Les amis vont s'interdire entre eux toute sexualité, et par la même occasion toute évocation sensuelle, pour rester des amis. Si les femmes ne se privent pas de sensations douces liées à l'amitié, c'est qu'elles y connaissent moins de trouble, moins d'équivoque : seraient-elles finalement plus simples que les hommes ?

La crainte de l'intimité-sensualité-sexualité entre hommes peut expliquer que certains négligent ou rejettent leurs amis à cause de leur femme ou parce qu'ils vivent une histoire amoureuse, l'autre sexe accaparant toutes les nuances, subtilités et différences qu'ils ne veulent pas départager entre amour et amitié. Ils jettent ainsi le bébé avec l'eau du bain, l'amitié avec la sensualité refoulée.

La virilité, mode d'emploi

L'amitié entre hommes, pour peu qu'elle soit sincère, entière, sans faux-fuyants, pose nécessairement la question de la virilité, d'une définition ou redécouverte de la virilité. Comment pouvons-nous, hommes et femmes, automatiquement déclarer de deux amis très proches — Oreste et Pylade, David et Jonathan, Achille et Patrocle, Montaigne et La Boétie — qu'ils étaient certainement homosexuels, parce qu'ils exprimaient par des mots et des gestes leur amitié ? La virilité — assimilée à l'hétérosexualité — se reconnaîtrait-elle toujours à la répression des larmes, de la douceur, de l'émotion, et au désir, à la force brutale, au contrôle et à la cuirasse ?

La virilité exclurait-elle la tendresse, ne serait-elle que puissance, violence et affirmation ? En d'autres termes : à dévoiler son abandon, l'homme perdrait-il sa virilité ?

J'ai rencontré le Québécois Guy Corneau, de passage à Paris. Analyste jungien, il est l'auteur d'un livre sur la « fragilité de l'identité masculine » dont le titre a paru

violent et rebutant aux lecteurs français, alors que le livre*
connaît un grand succès outre-Atlantique. Pour Guy Corneau, l'absence du père, le silence du père, provoquent
chez le petit garçon une blessure, un manque qui se transformeront en malaise chez l'homme, coupé de ses émotions et de ses sensations. Voici ce qu'il m'a dit :

« On est à un point de transition très important dans
la culture masculine, on est en train d'inventer des hommes qui ont accès à leur sensibilité, à leur instinct, à leur
spontanéité. Je trouve qu'en France l'identité masculine
est très construite sur le pouvoir et sur l'intellect ; les hommes ont peu de souplesse et de flexibilité intérieures. Leur
façon de s'affirmer hommes est encore le pouvoir, la carrière ou bien le muscle : la publicité offre en abondance
des images de virilité liées à l'automobile, à l'exploit sportif, aux affaires et à l'argent. C'est comme si les hommes
construisaient leur identité en amputant leur cœur et leur
corps. Ils se construisent de l'extérieur, et plus la carapace
d'un homme est solide, plus l'intérieur est archaïque, donc
difficile à dire. Les hommes ne se connaissent pas intérieurement, on ne leur a jamais permis d'être tendres, d'être
émus. Ce ne sont pas les femmes ou les mères qui sont en
cause, ce sont les pères qui n'ont pas été là, qui n'ont rien
dit, rien exprimé. Dès lors, le petit garçon a dû définir sa
masculinité par la négative : je ne dois pas être comme ma
mère, comme mes sœurs ; je ne dois pas pleurer, montrer
ma sensibilité ou mes états d'âme, je ne dois pas crier,
chanter, prendre soin de mon corps, bref je ne dois pas
être une femme.

« Le paradoxe est que plus les hommes sont élevés par
les femmes, plus ils ont peur d'elles... Ce malentendu est

---
* *Père manquant, fils manqué*, Éd. de l'Homme (Québec).

bien sûr aggravé par la civilisation industrielle ; dans les milieux ruraux on est plus enraciné, plus vrai. En France, il est très difficile de lancer des groupes d'hommes qui réfléchiraient ensemble et partageraient leur expérience. Ou alors les hommes parlent en réaction violente contre le féminisme, ne se rendant pas compte que le mouvement féministe les a libérés d'un joug de pouvoir.

« La virilité telle que je la ressens, c'est reprendre contact avec la vitalité profonde, avec la spontanéité, ce n'est pas réprimer ses émotions, ses sentiments, son besoin d'amour. La plupart des hommes sont toujours en train de "faire", de passer à l'acte, ils ne sont pas en contact avec leur intériorité et se sentent menacés sur ce plan. J'espère qu'ils vont bouger, qu'ils vont oser... »

La voie périlleuse

L'amitié masculine doit se frayer un chemin entre l'hostilité et l'homosexualité, elle doit pour naître ne considérer l'autre ni en rival ni en objet de séduction — ce qui paraît assez difficile pour un homme qui par éducation, par les schémas de la virilité et de la concurrence, de la performance sexuelle et de la réussite sociale, se voit attribuer une seconde nature rigide et lourde à traîner, tout à fait impropre aux contacts vrais, directs, chaleureux.

Dans l'adolescence, les affinités et les grandes amitiés peuvent encore s'affirmer sans honte, sans trouble, entre garçons. Quelle hantise fait qualifier aussitôt ces relations d'amitiés particulières ? Fantasme, plutôt, de vieil homme ou de romancier. Ces amitiés paraissent libres de s'exprimer, de se déployer tant que la puberté et les premiers émois sexuels ne se sont pas manifestés, dirait-on. Ensuite le terrain paraît miné, et le jeune homme préfère tracer une nette barrière entre ses histoires amoureuses (susceptibles d'émotions, de sensations diverses, d'enthousiasmes, d'élans) et ses amis ravalés au rang de copains, de camarades de travail ou de loisirs (avec qui seront partagés les choses extérieures, les sujets qui n'impliquent pas, les activités qui laissent peu de place à l'émotion).

Comme l'écrit Fred Uhlman dans *L'ami retrouvé**, « entre seize et dix-huit ans, les jeunes gens alliaient parfois une naïve innocence et une radieuse pureté de corps et d'esprit à un besoin passionné d'abnégation absolue et désintéressée ». Pour ceux-là l'amitié est la voie royale, le chemin le plus court et le plus profond d'un être à un autre, indépendamment du sexe.

Un autre livre célèbre, le roman de Henri-Pierre Roché**, parle d'une amitié entre deux jeunes hommes, *Jules et Jim*. Ici interviennent l'histoire amoureuse, la sexualité, on n'est plus dans le temps de la prime adolescence où tout est limpide et possible parce que non encore codifié, réglementé. Jules et Jim trouvent une solution originale (et viable) pour maintenir leur amitié et leur affection malgré la présence d'une femme, Kathe : en se partageant les faveurs de Kathe, en l'aimant tous les deux, ils peuvent continuer à se témoigner, par son intermédiaire, leur tendresse, leur sensibilité commune. Loin de ne retenir qu'une situation délicate, voire scabreuse, il faut reconnaître dans cette tentative une façon masculine de sortir de l'impasse et de maintenir l'amitié pendant et au-delà de l'histoire d'amour. Kathe ne sépare pas Jules et Jim, l'amitié ne cède pas devant l'amour mais s'en nourrit.

Le film de Luc Besson, *Le grand bleu*, propose une autre voie, celle de la fraternité qui dépasse et transforme

---

* F. Uhlman, Éd. Gallimard, 1978.
** H.-P. Roché, Éd. Gallimard, 1953.

la rivalité entre deux plongeurs, et une autre concurrence au sujet d'une femme. Les deux amis sont réunis et stimulés par leurs performances respectives : il n'est plus question de combat avec un vainqueur et un vaincu mais d'émulation réciproque, de dépassement de soi-même. La relation amoureuse de l'un des plongeurs ne sera pas un obstacle à l'amitié des deux sportifs, la jeune femme accepte et inclut cette amitié masculine dans son amour, sans pour autant partager les faveurs des deux hommes.

La fraternité entre les êtres vivants efface toute idée d'affrontement, de domination, toute méfiance et toute exclusion.

Une relation androgyne

Si l'amitié féminine repose avant tout sur l'intime, le privé, le sensible, et l'amitié masculine davantage sur le travail, les idées et activités en commun, faut-il en déduire que la première est nécessairement supérieure ? « La communication entre femmes est à la fois vaste, intime et profonde, affirme Liliane, et puis on rit beaucoup... » Je remarque pour ma part que les hommes abordent moins aisément entre eux des problèmes personnels, ou qu'ils les minimiseront ; ils paraissent un peu patauds, maladroits dans l'expression des émotions, des sentiments ; et leur façon de dire leur amitié, leur attachement, c'est de les montrer, de les prouver, de les mettre en actes plutôt qu'en paroles et déclarations diverses. S'ils veulent parler de leur vie privée, de leurs interrogations métaphysiques, de leur recherche spirituelle, ils s'adresseront assez naturellement à des femmes, non à leurs copains. Quant au rire, il est très différent entre hommes et entre femmes ; les hommes m'ont entre autres appris le jeu sur les mots, l'art du

L'AMITIÉ AU MASCULIN, L'AMITIÉ AU FÉMININ

calembour, les sous-entendus ; leur rire est de jovialité et de franche rigolade ou c'est de l'humour noir. Les femmes partagent un rire moins cérébral et moins « gros », souvent elles se prennent elles-mêmes à la légère, se moquent de leurs épreuves, tragédies et comédies.

Le mot latin « altus » conviendrait pour qualifier les deux sortes d'amitié : il signifie à la fois « profond » et « haut, élevé ». Pour les femmes, la recherche du contact, de la confidence, de l'intériorité les fait s'aventurer vers le profond de l'amitié ; les hommes vivront cette expérience comme moteur, comme soutien solide et stimulant, comme dépassement de soi : l'altitude de l'amitié. Pourquoi vouloir que l'amitié masculine soit identique à l'amitié féminine ? Ne se prend-on pas là au piège de la confusion des genres ou de l'uniformité ? Et pourquoi affirmer que l'amitié entre femmes (certes plus fréquente que l'amitié entre hommes) est le seul modèle valable ? C'est encore imposer sa loi comme loi unique au lieu de reconnaître l'autre comme différent. La seule chose que les femmes, davantage tournées vers l'amitié, peuvent dire aux hommes : si vous souhaitez rencontrer des amis, vivre cette riche et belle expérience, prenez-en les moyens.

Un homme cuirassé, fuyant, peureux, intéressé, égoïste, superficiel ou apathique n'aura que des contacts éphémères ou mensongers. Il faut bouger et donner de soi dans l'amitié. Donner de soi signifie à la fois se dévoiler, au risque de se montrer vulnérable, donner de sa présence, de son temps, payer de sa personne. On ne fait pas les choses à moitié en amitié.

L'amitié m'apparaît comme le modèle le plus pur, le plus achevé de la communication entre deux êtres, sorte de relation androgyne où chacun fait appel à ses qualités masculines et féminines. L'amitié ose, choisit, construit, va de l'avant, crée : aspect masculin ; elle est ouverte à l'autre, confiante, réceptive, attentive, accueillante et nourricière : aspect féminin. Cette relation non sexuée permet, parfois bien plus que la relation amoureuse, de susciter et de développer en chacun la totalité de son être et de ses ressources.

4
L'AMITIÉ
ENTRE HOMME ET FEMME

> Alcmène à Jupiter : « Et si je vous offrais mieux que l'amour ? Vous pouvez goûter l'amour avec d'autres. Mais je voudrais créer entre nous un lien plus doux et encore plus puissant : seule de toutes les femmes je puis vous l'offrir. Je vous l'offre : l'amitié. »
>
> JEAN GIRAUDOUX

Est-ce un défi, un trouble inavoué, est-ce une défaite ou une liberté nouvelle que l'amitié entre une femme et un homme ? Pour imaginer et pour vivre ce genre de relation, qui évite conquête, possession, jalousie et dépendance, il est indispensable que la femme soit reconnue libre et égale, et qu'elle-même ne se contente pas d'être un objet sexuel. Cela suppose aussi que l'homme ne réduise pas ses relations avec les femmes à des histoires sexuelles et à des échanges amoureux mais apprécie la femme dans l'intégralité de sa personne — pas seulement son corps, son charme, mais aussi son intelligence, ses qualités de cœur, sa finesse, son humour, sa capacité de création. Les exemples historiques le montrent : les Précieuses puis les femmes tenant salon au XVIIIe siècle ont eu de claires, belles et grandes amitiés avec des hommes savants, intelligents, célèbres, parce que précisément elles avaient avec eux un commerce de l'esprit, elles situaient leurs échanges sur le plan de l'art, de l'intellect, de la science ou de la philosophie ; elles ne se contentaient pas d'être de jolies femmes, bonnes à être regardées, désirées et déshabillées.

De fait la femme a souhaité depuis longtemps l'amitié avec les hommes afin d'être reconnue égale, et non l'inverse ; mais c'est depuis que la femme a recouvré son statut de personne égale que l'amitié peut se développer entre homme et femme, dans le milieu professionnel et aussi dans la sphère du privé. La femme qui souhaite établir une amitié avec un homme est moins timorée que dégagée des stéréotypes qui font d'elle une partenaire sexuelle — objet de désir et de plaisir —, une épouse et une mère : elle souhaite autre chose, une dimension plus cachée, plus originale, une complicité intellectuelle, une communion spirituelle. Sa liberté et sa reconnaissance passent par l'amitié avec les hommes, une relation qui ne saurait être entachée de soumission ni suspectée d'intérêt égoïste — charnel ou financier.

L'amitié courtoise

Vers le milieu du XIIe siècle, en Occitanie, naît le terme de « courtoisie », et l'éthique amoureuse qui l'accompagne. Les dames ne supportent plus des échanges réduits à la « drudaria », au seul commerce charnel, au plaisir sexuel dont se contentaient les hommes ; elles recherchent un amour plus vaste, plus pur, plus élevé, qualifié de « fin'amors », « amor » ou « amistat » (amitié). René Nelli l'explique fort bien dans son beau livre *L'érotique des troubadours**: « Les femmes ont longtemps aspiré à être "en amitié", en confiance, avec l'homme, parce qu'elles redoutaient de n'être pour lui qu'un objet sexuel.

---

* U.G.E., 1974, coll. 10/18.

(...) L'amour, en tant que "bienveillance" de l'homme pour la femme, n'a pu prendre conscience de lui-même, en Occident, que lorsque les amants eurent appris, en dehors du mariage, et par une sorte d'analyse idéale, à dissocier la communion animique de l'acte charnel et à spiritualiser, dans l'égalité, leurs relations avec leurs maîtresses sur le modèle de l'amitié masculine. »

Pour une femme, exister aussi comme amie, sœur et confidente d'un homme apporte une ouverture, une liberté qui transcendent le désir et l'attachement amoureux et qui placent au-dessus du plaisir, de l'instinct et de l'union sexuelle obligée la joie d'aimer en toute gratuité, en pure perte, avec prodigalité et sans arrière-pensée. Ainsi le raconte Raphaëlle, qui a quarante-deux ans : « Quand je l'ai connu j'avais trente ans, un mari, deux enfants tout petits, et lui-même avait sa vie de famille. En fait, ce sont nos fils, très copains en classe maternelle, qui ont établi le contact, et les relations ont commencé entre les deux couples dans cette ville où nous venions d'arriver. Nous ne nous étions donc pas choisis ; pourtant les affinités se sont dévoilées peu à peu au sein de la petite bande (quatre adultes, quatre enfants), dans un climat où il n'y avait rien de trouble. Maintenant, je peux dire que c'est mon ami, un ami au long cours, une sorte de frère que j'aurai eu la chance de connaître une fois devenue grande. Ensemble nous parlons de choses sérieuses, nous avons des fous rires, et nos sujets de discussions ou de plaisanteries n'intéressent pas forcément les autres éléments du groupe. Nous nous réservons tous les deux des moments d'intimité pour développer notre belle amitié, sans le moindre complexe à l'égard des autres. Et l'idée qu'il puisse y avoir un "dérapage" entre nous est pour moi inconcevable... »

Situer le désir

Mais l'amitié entre un homme et une femme n'est pas toujours facile à vivre. Parce qu'on a un vieil héritage qui veut un comportement obligé (par exemple, un homme qui dîne seul avec une femme a forcément une idée derrière la tête, du reste il perdrait la face s'il ne proposait rien...), parce que somme toute on a très peu d'exemples antérieurs (à part Claire et François d'Assise, si forts en amitié qu'ils n'avaient besoin de se rencontrer qu'en Dieu), la relation peut paraître ambiguë, suspecte voire frustrante sauf, disent la plupart, « si chacun vit par ailleurs en couple, ou a une relation amoureuse ». Pour Jean, ingénieur de quarante-cinq ans, marié et père de deux grands enfants : « L'amitié entre un homme et une femme est une bénédiction si chacun des deux a par ailleurs une vie amoureuse satisfaisante, sinon elle est équivoque. » Henriette, soixante-treize ans, ne peut imaginer une amitié possible entre deux individus de sexe différent : « C'est trouble, ambigu ; cette amitié ne peut être qu'un compromis, celui de la défaite. »

Ici, l'amitié est vécue comme un pis-aller, une frustration, une censure du désir, un ersatz de la relation amoureuse. Les schémas culturels et sociaux ont abondamment indiqué que l'homme et la femme n'avaient entre eux qu'un commerce charnel ou une relation guerrière : amants ou ennemis, seule alternative. Chamfort déclarait au XVIIIe siècle, époque où précisément certaines femmes « supérieures » nouaient des amitiés avec le sexe fort : « Les femmes sont faites pour commercer avec nos faiblesses, avec notre folie, mais non avec notre raison. Il existe entre elles et les hommes des sympathies d'épiderme et très peu de sympathies d'âme et de caractère. »

Guillaume est publicitaire, à trente-neuf ans il se définit

comme un homme de désir ; il ne supporte pas que, par hypocrisie, on se mente à soi-même en parlant d'amour là où seul règne le désir : le désir est fréquent mais passager, l'amour beaucoup plus rare et grave. Pour lui, « l'amitié entre un homme et une femme n'est pas possible, sauf s'ils ont déjà eu une relation sexuelle ensemble. L'amitié n'est pas en deçà du désir mais au-delà, après un désir reconnu et assumé de part et d'autre. L'amitié n'est pas une relation purement intellectuelle, elle est une rencontre de sensibilités, elle est faite d'affinités, d'émois aussi. Ainsi, même si rien ne se passe entre elle et moi, je ne peux concevoir un projet de travail ou de voyage, de sortie, avec une femme que je ne désirerais pas... »

L'amitié entre un homme et une femme serait-elle une ruse du désir, un de ses masques les plus candides ? Marion, célibataire de trente-sept ans, traductrice, paraît chercher un équilibre périlleux, sur le fil du rasoir, entre amant et ami : « Pour moi l'amitié est toujours une amitié amoureuse, on ne peut faire l'impasse sur la séduction, y compris entre femmes. Ce que je vis actuellement me plaît beaucoup : avec un homme marié, de mon âge, j'ai une relation d'amitié, de complicité et aussi de sensualité. Nous nous embrassons, nous nous câlinons et nous nous faisons des massages, mais ce n'est pas du flirt, nous nous interdisons de passer à l'acte. Cela permet de découvrir, d'explorer l'autre, sans pour autant s'engager dans une histoire d'amour et sans gommer l'aspect sensuel d'une relation entre deux individus différents. Cette intimité physique mais non sexuelle rend entre nous la parole plus aisée, plus libre : j'ai beaucoup de plaisir et de joie à voir cet homme, mais je ne me sens pas engagée dans un quotidien, dans une relation continue avec lui. Cette relation n'est pas pesante, parce que nous sommes indépendants. Mais parfois je m'interroge ; peut-être ai-je peur du désir, du passage à l'acte ? peur de l'engagement que représenterait une histoire amoureuse ? En tout cas, l'amitié est un engagement qui ne me fait pas peur... »

Toute amitié entre homme et femme serait-elle amitié amoureuse, jeu dangereux, désir délicieusement suspendu, retardé ? Vingt ans après, Natacha se souvient de moments voluptueux en compagnie d'un homme qui n'était ni ne devint son amant : « Ah ! la frontière entre l'amitié et le sentiment amoureux ? Une histoire de *Jules et Jim*. J'aime Julien d'un amour tendre et frais, Nicolas est notre ami. Nous passons soirées, week-ends et vacances ensemble durant des années. J'ai plaisir à retrouver Nicolas, à lui parler, à tout partager fraternellement mais il y a un plus à cette fraternité, je n'y toucherai pas. Le rire, l'humour, la courtoisie, mille raffinements dansent tels des feux follets autour de nous. Il y a une telle plénitude à vivre à côté de lui — et sans nul doute, lui à côté de moi —, un tel émerveillement amusé, distancié, que je peux qualifier maintenant cet état d'amoureux. Mais il n'y avait alors pas de mot plaqué sur la situation : inconscience, simplicité, complicité ?

« Un jour d'été flamboyant, alors que nous sommes tous les trois en Italie, Julien a un rendez-vous d'affaires à Milan. Nicolas et moi en profitons pour visiter la Chartreuse de Pavie. Chaque cellule de moine au lit étroit — croix sur le mur austère mais ambiance dense —, chaque tache de lumière sur les pierres, chaque odeur de miel et de bois ciré, chaque minute du déjeuner somptueux, sensuel, chaque son de cloche dans l'air immobile, tout convergeait dans le non-exprimé, latent, solaire, inoubliable, plus intense que tous les gestes d'amour auxquels nous n'avions pas pensé. »

L'AMITIÉ ENTRE HOMME ET FEMME

Connaître l'autre

Nous voilà revenus au départ de notre interrogation sur les frontières incertaines, parfois imperceptibles, qui séparent le sentiment amoureux du sentiment d'amitié : la relation sexuelle suffit-elle à assurer la ligne de démarcation ? Ce que j'ai constaté au cours de mon enquête, c'est que l'amitié entre homme et femme paraissait plus difficile à vivre du côté des hommes, ou du moins qu'ils franchissaient allègrement les limites autorisées par un sentiment seulement fraternel. Si l'individu masculin est plus que la femme dépendant de sa sexualité, de l'affirmation et de la concrétisation de son désir, l'amitié lui semble frein, restriction et empêchement. Pour beaucoup d'hommes, connaître l'autre, la femme en l'occurrence, passe presque nécessairement par la connaissance charnelle, et le partage sexuel se situe au début de l'amitié, c'est lui qui rend l'amitié possible. Comme si, pratiques, réalistes, ces hommes réglaient d'abord cette affaire de désir assez encombrante pour ensuite passer à un autre plan, plus paisible, en quelque sorte balayé. Ces hommes ont pour véritables amies des « ex », et ils n'en sont nullement gênés, au contraire. Pour beaucoup d'entre eux, la relation charnelle permet de dire à l'autre, de montrer à l'autre les sentiments, l'émotion ou l'attachement qu'ils ont du mal à exprimer en mots, en déclarations et aveux. Pour beaucoup d'hommes, la relation sexuelle rend possible l'affectif, l'intime, tandis que chez les femmes l'intimité partagée et le sentiment mènent à l'échange sexuel.

Comme l'assure Jean-Christophe : « Un homme et une femme amis peuvent tomber amoureux ou plus simplement se rencontrer charnellement sans que cela gêne leur amitié. Tout dépend de l'esprit, du moment, mais seulement si l'amitié et la confiance réciproques sont réelles.

A l'inverse, une passade peut se transformer en amitié, la rencontre charnelle et le plaisir partagé permettant de mieux se connaître, de se découvrir et peut-être se comprendre. »

Ce type de relation mouvante exige une parfaite réciprocité, un désir simultané de vivre une relation amicale ou amoureuse, sinon l'amitié n'en sort pas renforcée et l'un des deux se sent trahi, humilié peut-être. Cette relation fluctuante non définie paraît aussi fonctionner comme un exorcisme de la jalousie et de l'exclusivité : elle offre les avantages (sensuels, sexuels) de la relation amoureuse sans en entraîner les inconvénients, les ridicules, et les tourments. Mais je ne crois pas pour autant que ce soit une solution de facilité. Face au désir, l'être humain n'a pas cinquante choix possibles : il peut le reconnaître (au lieu de l'ignorer, de le refouler), il peut l'assumer (au lieu de se censurer, de se frustrer) ou le dépasser (lucidement, volontairement). Stéphane, photographe de trente-sept ans, est très sensible au charme et à la présence des femmes, mais il ne succombe pas à la tentation si souvent, il sait pertinemment que « le désir est désir de possession ; alors je fais attention, je me pose des questions, je m'abstiens non par vertu mais parce qu'il serait temps que le mâle trouve autre chose, dépasse son désir immédiat et éphémère... Cela dit, l'amitié entre homme et femme est très difficile : il faut faire le deuil du désir ou bien le transformer ».

Janine Chanteur est philosophe, professeur à la Sorbonne et auteur entre autres du livre, *De la guerre à la paix**. Elle est aussi mère et grand-mère, et son expérience de vie, non dénuée d'épreuves, est riche d'enseignements. Ce qu'elle m'a dit éclaire la relation délicate d'amitié entre un homme et une femme :

---

* Éd. P.U.F., 1989.

L'AMITIÉ ENTRE HOMME ET FEMME

« L'amitié suppose un devoir et un renoncement. Ses composantes sont un intérêt commun, une tendresse, et un désintéressement qui permet à l'autre et à soi-même de ne pas avoir un exclusivisme. La véritable amitié laisse à l'autre sa liberté, sur fond d'accord essentiel, et elle n'est pas captatrice car elle s'exprime non dans la satisfaction d'un désir mais dans la tendresse, moins possessive.

« L'amitié entre un homme et une femme relève une sorte de défi. Ce n'est pas la mort du désir, mais le désir de l'amitié est situé, il est à sa place et en ce sens dépassé : l'énergie du désir existe mais n'est plus captatrice. Du reste, si l'amitié à l'heure actuelle retient l'attention, c'est que les débordements et les dérives du désir sont devenus tels qu'on a besoin de re-situer la relation entre la femme et l'homme. »

Les ruses du serpent

Le désir entre l'homme et la femme ne peut être escamoté, c'est une histoire vieille comme le monde dont l'auteur s'appelle Ève, le serpent ou le Tentateur ; bref où tous les autres sont en cause sauf ce brave Adam qui se contente de répondre, d'accepter, qui a l'air bien passif. Au fond, depuis la nuit des temps, l'individu masculin n'a pas trop réfléchi à la question, il préfère se laisser mener par son désir (qu'autrefois il dénommait Ève ou le serpent) au lieu de le gouverner ou, à tout le moins, de le connaître un peu mieux.

Il existe des solutions radicales, lorsque l'un des deux protagonistes est si malencontreusement disgracieux qu'il empêche toute idée coquine et glace tout geste tendre. Nietzsche l'envisage ainsi : « Des femmes peuvent très bien lier amitié avec un homme ; mais, pour la maintenir, il y faut peut-être le concours d'une petite antipathie physique. » Autrement dit : je ne pourrais être amie qu'avec des hommes que je ne désire nullement et pour qui je ne suis nullement désirable, en raison d'une laideur, d'un âge ou d'une infirmité insurmontables... Denise, qui vient d'aborder la soixantaine, se pose sereinement la question à propos de ses amitiés masculines : « Je me demande si elles sont dues à l'âge, qui provoque moins à la séduction, ou vraiment à ma liberté intérieure. » Armelle, styliste d'environ trente ans, apprécie beaucoup ses amis homosexuels : « Au moins il n'y a pas d'équivoque, mais je ressens une légère tristesse comme devant de froids miroirs. » Supprimer ou sublimer le désir ? Le femme qui ne veut pas renoncer à plaire tient le pari fou d'être séduisante sans être objet sexuel, de charmer l'homme sans lui succomber, bref de susciter le désir masculin tout en le niant. De quoi s'y perdre, et de quoi faire sombrer corps et biens une possible amitié...

Il faut reconnaître que le désir est plutôt borné, et d'abord parce qu'il est persuadé qu'il est obligatoirement partagé par l'autre. Un homme aura beaucoup de mal à se voir refuser ses avances (du reste cela explique que la plupart préfèrent se laisser draguer ou séduire par une femme, ainsi ils sont sûrs d'être désirés). Il s'identifie à son désir au point de se sentir complètement humilié ou remis en cause sur sa valeur personnelle si la femme désirée ignore ou repousse ce désir. Je me souviens d'une relation avec un homme très intelligent et cultivé, qui aurait pu devenir une amitié mais qui s'est arrêtée parce qu'un soir, après un dîner fort agréable, je l'avais laissé me raccompagner mais non « monter prendre un dernier verre » : je n'éprouvais aucun désir pour lui, je ne vois pas pourquoi je me serais forcée ; une amitié naissante ne fait pas la charité et refuse le mensonge. Il est reparti, furieux ou plein de rancœur, ses appels téléphoniques se sont espacés, mais il a pris sa revanche en quelque sorte en faisant courir le bruit que j'étais lesbienne (s'en est-il lui-même persuadé, pour accepter l'inacceptable : son désir d'homme refusé, comme bafoué ?).

Je connais plusieurs hommes et femmes, de divers âges, qui ont préféré ruminer leur solitude et ce qu'ils jugeaient une défaite plutôt que de vivre une amitié chaleureuse avec une personne qu'ils avaient désirée et qui n'y avait pas répondu. Comme si l'amitié était la parente pauvre, l'éternelle suivante de l'amour. Comme si c'était déchoir que de proposer ou d'accepter l'amitié en place d'une histoire amoureuse.

Il existe, outre l'hypothèse amusante et peu réaliste de Nietzsche, une autre façon de contrecarrer ou d'annuler le désir sournois et têtu qui brouille les échanges entre individus de sexe différent : c'est de l'affadir, de le neutraliser par la banalisation ; ce qu'on a désigné par l'horrible expression de l'« amour copain », qui indique sans ambages le degré d'exigence et de raffinement où les partenaires d'occasion se situent. Deux individus se rencontrent lors d'un voyage, pour un travail, ou à une soirée, et — l'occasion fait le larron — ils se retrouvent dans le même lit, sans vraiment d'envie, parce que c'est agréable ou sympathique, parce que ça se fait, parce qu'après tout on est un homme et une femme et qu'il faut en passer par là. Quelle démission, quelle complaisance de part et d'autre ! Ce désir-là n'est pas susceptible d'engendrer la moindre bribe d'amitié, et il ne dépassera guère cette première rencontre. Plus d'une femme m'a avoué, un peu penaude, qu'il lui était arrivé de coucher sans désir avec un homme qu'elle connaissait à peine mais qui l'avait invitée à dîner dans un restaurant élégant, ou emmenée dans un club huppé, et qu'elle se sentait presque obligée de payer ainsi l'addition : ah ! l'éternel féminin...

Il y a aussi le genre compatissant, la femme qui travaille ou dîne chez elle avec un homme ; le travail se prolonge, il se fait tard, tous deux sont fatigués, mais la femme n'a pas le cœur de renvoyer chez lui ce compagnon d'un soir. Il est là aussi, l'« amour copain », dans cette relation inoffensive mais dénaturée ; les deux amants d'un soir savent qu'ils ne se reverront pas de sitôt, du moins pas dans un lit, et il serait étonnant qu'ils devinssent amis à partir d'une rencontre si peu amoureuse, si peu exigeante. Ni l'amour ni l'amitié ne génèrent complaisance et laisser-aller. Le désir, la passion peuvent mener à des folies, l'amitié conduit à relever des défis, à prendre des risques, mais de ces deux expériences, si elles sont authentiques, nul ne sort indemne. Si l'histoire d'amour et si la relation d'amitié sont vécues avec profondeur et sincérité, chacun des partenaires en devient changé, soit blessé et remis en question, soit transformé, régénéré. Neutraliser à la fois le désir et l'amitié par l'« amour copain », l'« amour hygiénique » dénonce des individus médiocres, épris non de l'autre, du corps de l'autre, mais de leur petite personne et de leur sécurité. C'est tout sauf de la libération. De ce type de relation avortée entre un homme et une femme, on sort avec un goût de cendres et on s'empresse d'oublier. Il n'y avait là ni désir intense, ni amour, ni amitié, ni estime, seulement des singeries tristes, des parades stériles et un très plat conformisme.

Un continent inexploré

On peut voir dans l'amitié entre homme et femme une ascèse du désir, un renoncement librement consenti qui ouvre à un plan supérieur et fait progresser chacun au lieu de les conjoindre. Cette amitié cerne les contours du désir mais les dépasse au nom de la liberté de chacun et par respect pour chacun. Si l'être humain n'est pas seulement un organisme soumis à l'instinct, aux lois biologiques, aux besoins dits fondamentaux, s'il a la liberté de choisir, de renoncer et de créer, l'amitié entre homme et femme est un gage, une reconnaissance de cette liberté humaine. La relation sexuelle, quel que soit le sentiment qui y pousse, a toujours à voir avec la nécessité.

L'amité n'enterre pas le désir mais le gouverne, le transforme, le rend créatif. Je remarque qu'avec mes amis hommes beaucoup de projets, beaucoup de réalisations artistiques sont en œuvre : non point fuite d'une intimité jugée dangereuse mais énergie puissante libérée par l'instinct sexuel ou amoureux sublimé, transcendé. L'ami n'est pas celui qui est trop laid, trop petit, trop âgé, trop bête pour permettre la moindre possibilité amoureuse. C'est au contraire un homme fin, sensible, agréable à regarder et certes désirable, mais avec qui une femme s'offre le luxe fou, l'immense liberté d'être amie ; et c'est sans doute une élection plus grande, plus rare, qu'un choix amoureux.

Pour Philippe, trente-cinq ans, l'amitié entre un homme et une femme se place sous le signe de « l'originalité, en s'exprimant par une forme de création continuelle et en étant dénuée des contraintes ordinaires (objectifs communs, fréquence des rencontres, projets d'avenir...). Par là même elle frôle la frontière de la "moralité" et elle excite l'imagination de ses observateurs. La puissance de cette relation se mesure à la capacité des deux partenaires à se définir comme aventuriers, pionniers, pour la quête — mais non la conquête — d'un espace inexploré de la nature humaine, de l'humanité ».

L'amitié entre homme et femme prend figure d'une

ascèse où chacun renonce à prendre, à posséder, à garder pour soi. Le corps de l'autre, dans l'amitié, est reconnu, apprécié, sans pourtant être rejoint, « consommé ». Il devient sujet de contemplation au lieu d'être objet de désir. Il est beau, agréable, et je l'aime non parce qu'il est à moi mais parce que tel il existe, il respire, il répand la beauté. On pourrait qualifier l'amitié entre homme et femme d'amour platonique parce qu'elle place au-dessus de l'attrait physique et du commerce charnel la proximité et la communion spirituelles, et qu'elle esquisse un modèle idéal de la relation ordinairement vécue entre les hommes et les femmes ; elle donne saveur d'éternité, d'absolu et de félicité à ce qui est soumis le plus souvent aux contingences temporelles et à la nécessaire mélancolie qui s'y attache. « L'amitié homme-femme, dit encore Philippe, dépasse la polarité traditionnelle gérée par leurs natures psychobiologiques. Loin d'être un sous-produit, elle est l'une des dimensions ou des apparitions de cet Amour total que l'on qualifie en lui attribuant une majuscule. »

La grâce et la nécessité

Ni contrainte aux lois ni explicable en termes d'utilité ou de nécessité, l'amitié n'est pourtant pas fruit du hasard. Est-ce une création purement humaine, spécifiquement humaine, défiant à la fois les dieux et la loi de la vie ? Je suis portée à le penser, et à l'en admirer d'autant. L'amitié crée notre liberté d'homme face au destin, face à l'instinct et aux lois de l'espèce, elle est gage de notre humanité et apparaît peut-être comme une insoumission à la Divinité, une « hybris » éclatante, insolente et durable, non châtiée.

Dans un rêve tout récent, une phrase me disait de l'amitié : « Dieu la sauve mais ne la construit pas. » Un beau message mais assez énigmatique. Je l'interprète ainsi : l'amitié — non pas le célibat — court-circuite la loi génétique, l'instinct de reproduction : en ce sens elle peut figurer l'Adversaire, celle qui barre la route aux plans de Dieu, ou de la Vie. On peut dire que le désir, le sentiment amoureux, la passion, l'amour romantique, la sexualité, le mariage font le jeu de l'instinct, se plient à la loi de la reproduction de l'espèce. Plus forte et plus fine que l'homosexualité, qui recherche encore le contact et la fusion des corps, l'amitié — en particulier l'amitié entre homme et femme — assemble et réunit deux êtres différents en toute gratuité, les libérant et les élevant au-dessus des contingences charnelles, des lois biologiques impérieuses. Dieu n'a certainement pas pensé à l'amitié lorsqu'il nous créa à son image, mais la grâce divine peut avoir nom liberté ou amitié. Dieu ne la construit pas, l'a-t-il même jamais conçue ? mais il la sauve car elle est vertu, progression et élévation spirituelle, relation d'amour.

Tout en réfléchissant sur cette phrase reçue en rêve, il me vient à l'esprit la quête des Gnostiques et des Cathares, qui fut jugée hérétique. Pour les Parfaits, ce monde était l'œuvre du Malin, et, afin de déjouer ses plans, il ne fallait pas procréer mais, par une ascèse spirituelle, par un pur amour, se dégager des contraintes terrestres au lieu de continuer, de prolonger la création du Mal. Ainsi agit l'amitié, celle qui réunit sans attacher un homme et une femme, celle qui les fait échapper aux lois de la vie biologique pour les faire naître à la Vie sans retombées et sans approximations, celle qui, limpide, joyeuse et libre, refuse la soumission, l'ignorance voire l'opacité, représentées par l'instinct, l'obscur et tenace instinct de survie. L'amitié nous libère des pulsions, désirs et insatisfactions de notre corps, de notre attachement à la matière, de notre besoin de durer éternellement ; elle nous sauve dès à présent et sauve certainement cette terre qui prend l'allure d'un cauchemar et d'un enfer. L'amitié « cathare » est ce fin passage, cette initiation de la mort à soi-même et au monde pour renaître plus pur, pour faire d'un organisme biologique un être doué d'humanité puis un être spirituel.

Se parler d'une rive à l'autre

Une amie peut jouer pour un homme le rôle de guide spirituel, comme le pense et le vit Jérôme, quarante-huit ans, divorcé et père de deux grandes filles, qui travaille dans le tourisme mais se réserve du temps pour lire, réfléchir et voir ses amis, plutôt nombreux : « L'individu masculin doit évoluer, retrouver en lui l'esprit de chevalerie, de dignité, de dévouement et de combat spirituel. Ce sont les femmes qui seront là, comme des vigies, des précurseurs, pour nous aider à avancer, qui seront à la fois des ferments et des témoins de notre progression intérieure. Pour cela nous devons renoncer à notre goût d'exercer suprématie et pouvoir, et l'amitié, moins piégée que le couple, permet de se tirer l'un et l'autre vers le haut, d'unir nos efforts, au lieu de se tirer... dans les pattes ! »

Alain, célibataire de vingt-sept ans, ingénieur du son, plutôt solitaire, manifeste dans ses relations avec les femmes le même souci d'un partage profond, vrai, spirituel : « Avec une femme j'ai toujours désiré mûrir mes liens de filiation spirituelle dans les retranchements les plus reculés. C'est déjà énorme si cela peut être de l'amitié. Mûrir des liens de filiation et non se contenter d'affinités facilement constatées. Je crois qu'il y a amour entre un homme et une femme seulement lorsqu'il y a maturation du cœur. Des amitiés pourront connaître cette maturation du cœur sans "faire l'amour", et bien des amours conjugales ne sont en fait que du confort sentimental. L'amitié entre homme et femme permet de se découvrir, de se connaître mieux que les relations amoureuses ou les bandes de copains. La mixité sympathique, charriée par les publicités Hollywood chewing-gum ou Coca-Cola, sert une convivialité de groupe, elle noie l'individualité et la vraie relation d'amitié. Pour moi, avoir une amitié avec une femme, c'est se parler d'une rive à l'autre, avec respect et attention, ce n'est pas se mélanger ni tout mélanger. »

Il est certain que la mixité — dans les écoles et lycées, dans les clubs sportifs, etc. — comporte des inconvénients psychologiques en ce sens qu'elle conduit facilement à l'uniformisation. Élevés ensemble, brassés ensemble dans leurs études et leurs loisirs, garçons et filles sont facilement persuadés que, parce qu'ils sont sur un pied d'égalité sociale et intellectuelle, ils ont une nature identique, une psychologie identique. Seul le sexe est là pour attester d'une différence, mais bien banalisée, atténuée par des relations physiques précoces. Je ne me sens ni intégriste ni réactionnaire, et je crois trop à la valeur des femmes pour accepter voile, ségrégation et autres bâillons ; mais j'estime avoir eu de la chance d'avoir fait mes études primaires et secondaires dans une institution réservée aux filles. Lorsque j'ai rencontré des garçons, des jeunes hommes puis des hommes, je les savais autres, différents, peut-être lointains. C'est comme l'habitant d'une planète rencontrant l'habitant d'une autre planète : ils se posent des questions, ils s'écoutent, se découvrent vraiment parce qu'ils savent qu'ils viennent d'un lieu différent, qu'ils ne sentent, ne pensent, ne vivent pas la même chose que l'autre. Pour ma part, comme femme, j'ai toujours revendiqué le droit à l'étrangeté, plus fertile qu'un droit à l'égalité qui équivaut trop souvent à la confusion des genres. L'amitié entre homme et femme maintient cette étrangeté, donc cette découverte, cet accueil et cette écoute de l'autre, là où la relation amoureuse et sexuelle prolonge l'illusion de l'identique, du « pareil à moi », par la fusion des corps.

Ainsi, pour éviter de se mentir à elle-même sur « une union amoureuse qui repose trop souvent sur une ignorance ou une illusion réciproques, et non sur les fondements spirituels de l'amour », Florence, à trente-trois ans, préfère cultiver l'amitié : « L'amitié entre un homme et une femme n'est pas un compromis, contrairement à bien des histoires amoureuses. De nos jours, ce qu'on appelle ''amour'' offre un véritable champ de bataille à l'homme et à la femme, qui croient s'aimer alors qu'en fait ils cherchent un remède à leur solitude, un substitut à leur vide intérieur. Les gens tombent trop facilement amoureux pour que ce soit honnête !... L'homme et la femme qui se disent amoureux se précipitent dans les bras l'un de l'autre et ne prennent même pas le temps de se connaître : cela ne peut que finir par un désastre. »

Fantasmes et frustrations

Mais pour qu'un homme et une femme puissent vivre une amitié avec joie, épanouissement et enrichissement réciproques, il est indispensable que chacun ait fait un bon bout de chemin et se soit posé des questions sur soi-même, dans un travail de clarification. Sinon cette relation peut occasionner souffrances et frustrations.

La psychanalyste Michèle Montrelay rappelle que « l'amitié entre homme et femme peut représenter une forme d'évitement de la relation sexuelle chez des femmes qui ont peur ou qui, par un certain sadisme, manœuvrent ainsi les hommes, ou chez des hommes sadiques ou misogynes qui se comportent comme si la femme était un homme et lui dénient tout désir : on voit passer de tels personnages dans l'œuvre de Henry James... Cela peut recouvrir une dénégation chez un homme : il ne veut pas de la relation sexuelle, ou il veut se faire materner, soutenir. Mais l'amitié entre homme et femme figure aussi une nouvelle relation, fraternelle, franche, pleine de gentillesse, où le sexe n'a plus d'importance et où il n'y a plus d'érotisme : c'est ce qu'on voit souvent chez les jeunes de Californie et dans une perspective de nouvel âge. »

Si dans ce type de relation l'érotisme disparaît, faut-il s'en plaindre ? Est-il à ce point facteur de liberté, d'amour, de connaissance ? ça se saurait ; du reste beaucoup de femmes sont lassées du répertoire ressassé des fantasmes masculins et aimeraient un peu de neuf... Vivre l'amitié avec un homme, c'est pour elles respirer un air nouveau.

« Mais une femme qui propose l'amitié à un homme, dit Michèle Montrelay, peut paraître déroutante : il ne peut pas tout donner à la fois, vivre à la fois le désir et la relation de confiance. Beaucoup d'amitiés sont ainsi rendues impossibles par le sexuel. On rencontre très fréquemment cette idée : si un homme est ami avec une femme, ça va lui enlever son désir.

« En fait, dans l'amour, il faut de l'opacité pour renvoyer une image qui suscite le désir, il faut du mystère ; la femme, pour être désirée, doit être opaque ou bien statue : pensez aux femmes de Baudelaire ! Si ça se parle, s'il y a une confiance et une parole réciproques, le désir tombe complètement. »

Je pense au très beau film de Dreyer, *Gertrud*, qui raconte la vie d'une femme, ses déboires sentimentaux, mais aussi sa fidèle amitié avec un homme, philosophe. Tandis que son amoureux lui déclame des poèmes qu'il a composés pour elle, mais se montre inconsistant, sans profondeur, le philosophe offre à son amie Gertrud un miroir pour qu'elle y contemple quelque chose de beau. Là où l'amoureux projette ses images, rêves et fantasmes sur une femme qu'il ne connaît pas, qu'il ne cherche pas à connaître davantage (la fameuse « opacité » de la femme désirée), l'ami converse longuement avec Gertrud, l'accompagne au long de sa vie, l'éclaire et ne renvoie aucune image flatteuse ou déformante.

L'adieu aux armes

L'homme capable d'avoir des femmes pour amies est un homme qui n'a rien à se prouver à l'égard des femmes, c'est-à-dire rien à se prouver sur sa virilité. Il ne se définit pas seulement par son désir, son côté mâle conquérant, il ose montrer ses émotions, sa vulnérabilité sans déchoir, sans se sentir ridicule. Il vit une sexualité ou une solitude sans problèmes, et il est en contact avec le côté féminin de sa personnalité.

En revanche, un séducteur, un don Juan, ou un narcisse, qui n'existent que par le désir qu'ils ont des femmes, ou qui se mirent dans le désir des femmes, ne pourront imaginer que des relations captatrices, dépendantes ou possessives avec les femmes, et, réduisant leur univers aux jeux amoureux et aux plaisirs charnels, ils ne pourront pas connaître l'amitié avec un sexe qui n'existe que pour charmer ou être séduit. Ce type d'homme est terriblement dépendant de son désir, de son identité sexuelle, et il croit perdre la face (et le reste) en laissant passer une occasion de séduire, de se rassurer, de se prouver qu'il est vivant, autant dire puissant.

Si donc un homme refoule ou méconnaît son côté féminin, le dévalorise ou le nie, s'il ne s'identifie qu'à une virilité réduite au désir sexuel de l'autre, il n'aura guère d'amitié avec les hommes, par peur de l'homosexualité, de l'intimité assimilée à l'étreinte charnelle, ou il n'en connaîtra que l'aspect « légionnaire », machiste et grossier, et il sera mal à l'aise dans l'amitié avec les femmes puisque pour lui l'amitié correspond vaguement à impuissance ou castration. Cet homme n'a assurément rien d'équivoque, mais le tragique de son existence vient de ce qu'il est si univoque, si monolithique, si protégé derrière une carapace virile, brillante, dynamique et séduisante, qu'il a du mal à vivre avec les autres plusieurs dimensions. Il restreint son champ de perceptions et de sensations à la seule sphère sexuelle, là où focalise son désir, tandis qu'une relation d'amitié ouvre des fenêtres, élargit le champ de la conscience, de la relation à autrui et de sa propre existence. Pour reprendre la superbe parole de l'Éternel à Isaïe, l'amitié « élargit l'espace de la tente ».

Séduire, toujours séduire

La femme qui vit des amitiés avec les hommes est une femme qui refuse les petits jeux du pouvoir et de la séduction : elle vaut mieux que cela, et elle non plus n'a rien à se prouver — sur son charme, sa capacité à plaire, à retenir le regard ou l'attention d'un homme. Ces petits jeux-là lui paraissent ridicules, à la portée de n'importe quelle imbécile, et elle estime qu'entre homme et femme, que ce soit en amour ou en amitié, il y a mieux à faire, à partager, et la vie est trop passionnante, trop neuve, pour qu'on s'en tienne à ces recettes périmées et humiliantes. Aux fantasmes dûment répertoriés et aux divagations répétitives, elle préfère l'accord de la sensibilité et du cœur, et elle mise sur l'originalité dans les relations plutôt que de se sécuriser avec du déjà-vu. L'amitié avec un homme est synonyme d'intelligence et d'harmonie, elle évite avec élégance les accrocs, affrontements, niaiseries ou bassesses que produit, comme un pommier des pommes, toute relation amoureuse.

La femme séductrice est aussi pathétique que l'homme de désir : elle se sent toujours obligée de plaire et vit dans l'angoisse de ne plus charmer ou retenir. Elle ne peut vivre que dans la peur de souffrir, d'être rejetée tôt ou tard. Ce type de femme, qui joue uniquement de la séduction, veut en fait se faire aimer, être aimée à tout prix. L'énergie et les ruses qu'elle déploie pour arriver à ses fins sont à la mesure de sa carence affective, de son manque de confiance en elle. La femme qui peut vivre une amitié avec un homme ne cherche pas à se faire aimer à tout prix : elle aime aimer, certainement, avec la liberté et avec l'insolence de la gratuité, elle aime aimer « sans pourquoi », comme le disent les mystiques médiévaux et les poètes courtois.

L'homme de désir, comme la femme séductrice, redoutent la vieillesse et la mort qui signifient pour eux moindre attrait, cessation du désir. De fait, face au temps, face à l'inéluctable, le désir et le plaisir amoureux apparaissent dérisoires, sans grand recours, alors que l'amitié en franchit aisément l'épreuve puisqu'elle se nourrit du temps et s'en accroît. Le désir est une parade — brillante, impertinente, désinvolte — pour nier et repousser la mort ; l'amitié et l'amour sont de taille à vivre la mort, à en franchir les barrières ombreuses, énigmatiques. On dira du premier qu'il est péché de jeunesse prolongé, et des autres conduites de maturité.

Oui, je peux dire que je l'aime

Brigitte et Adrien sont amis depuis quinze ans. Ils travaillent dans la même entreprise, mais non dans le même service. Elle a quarante-quatre ans et lui quarante-deux, et chacun vit en couple. Interrogés chacun séparément, ils disent : « J'ai de la chance de vivre une telle amitié. » Brigitte est persuadée que c'est Adrien qui le premier a fait une démarche vers elle, lui a accordé sa confiance, et, de collègue, est devenu ami et confident. Adrien, lui, affirme : « Si l'amitié existe entre nous, c'est beaucoup grâce à Brigitte, elle a fait beaucoup plus d'efforts que moi. »

« Quand quelque chose ne va pas, dit Brigitte, mon mari me console, me donne de la tendresse, Adrien me secoue et me fait réfléchir, il m'aide à aller plus loin. » Et lui : « Brigitte, c'est une camarade, et aussi une grande sœur, et aussi une mère. Dans les moments difficiles, c'est elle qui m'a compris, aidé, qui m'a reçu et hébergé chez elle... »

Tous les deux ressentent une estime et une tendresse réciproques, et pourtant ils ne vivent ni n'imaginent entre eux une histoire amoureuse. « C'est de l'amitié et de l'amour en même temps, dit Adrien, et je me demande si ce n'est pas plus fort que l'histoire amoureuse qui passe par la relation sexuelle... » Et Brigitte : « Notre amitié est vraiment un échange confiant et sûr, sans la moindre ambiguïté. Oui, je peux dire que j'aime Adrien. »

Cette histoire d'amitié est claire et peut se développer allègrement parce qu'elle a des repères, parce qu'il y a à la fois liberté et équilibre entre vie de couple et relation d'amitié. Ce n'est pas une chance, c'est un choix ; ce n'est pas le fait du hasard mais la réalité d'un engagement. Une telle amitié pourrait causer des jalousies, d'abord de la part des conjoints respectifs. Dans le cas de Brigitte, cela ne pose aucun problème : « J'ai très vite parlé d'Adrien à mon mari, ils se sont rencontrés et ont sympathisé. Adrien s'entend aussi merveilleusement avec mes enfants, il est de la famille... » « Je ne me suis jamais senti intrus, dit Adrien, ni briseur de couple, en allant chez Brigitte et son mari. Cela tient à la qualité de leur relation, fondée sur la confiance totale et sur la générosité. » Mais du côté d'Adrien, qui après avoir connu plusieurs déboires amoureux vit maintenant avec une femme qui a douze ans de moins, l'amitié avec Brigitte est suspectée et paraît comme rivale : « J'ai des difficultés, reconnaît Adrien, car Charlotte est très méfiante, et tout mon passé représente pour elle une charge insupportable. Elle n'accueille pas mes amis d'avant avec une franche joie, elle souffre de jalousie rétrospective. » Ce qui n'empêche pas Adrien de rencontrer Brigitte et de « se ménager du temps pour cette amitié si importante ». Et Brigitte de conclure : « La confiance, c'est le maître mot, c'est le dénominateur commun entre amour et amitié. »

Le double et le complémentaire

Cette belle histoire nous permet d'apprécier ce qui distingue l'amour entre un homme et une femme de l'amitié qui les relie. C'est le psychanalyste jungien Pierre Solié qui formule avec précision cette différence :

« C'est la différence entre le double et le complémentaire. Dans l'amitié on fonctionne dans le double et non dans le complémentaire. Le désir de l'autre sexe, c'est un manque, un besoin, pour refaire l'un. Dans ce qu'on nomme communément amour, on va chercher d'une manière intense, brûlante, violente, ce qu'on n'a pas : c'est le désir, le besoin du complément. Tandis que le double dans l'amitié, j'en suis une bonne partie et je n'ai pas à aller chercher dramatiquement ce qui me manque. J'entends par "double" le double féminin chez l'homme et le double masculin chez la femme. Le double est tellement plus paisible, apaisé. Aussi dans la relation d'amitié suis-je davantage disponible à l'événement, suis-je moins angoissé, dans l'attente. L'amitié peut ainsi rejoindre le versant spirituel, difficilement accessible à une génitalité possessive, le versant de la liberté de l'amour. »

Si la relation d'amitié est apaisante et libératrice, heureuse en un mot, on pourrait se demander pourquoi tant d'hommes et de femmes persistent à foncer tête baissée dans l'amour, à y ferrailler obstinément, aveuglément ; pourquoi hommes et femmes continuent de rêver d'amour, du grand amour, au lieu de rêver de grandes amitiés.

« C'est le besoin qui nous fait retourner dans les emmerdements de l'amour, dit en riant Pierre Solié, dans le chaos de cet amour pulsionnel. C'est l'instinct de base, l'appel irrésistible du complémentaire. L'instinct sexuel nous convoque, nous oblige : nous ne sommes après tout que des serviteurs individuels de l'espèce... Mais je peux vous dire que l'instinct se calme après soixante ans, et que tous les espoirs d'amitié sont alors permis !

« Les gens rêvent d'amour parce qu'ils sont dans le manque. L'amitié, ce n'est pas un manque, c'est un plus. L'amour serait de l'ordre d'Anankê, la Nécessité, ou de la compulsion répétitive selon l'expression freudienne. Dans l'amitié on n'est ni dans le manque ni dans le besoin. C'est la liberté.

« Les grandes amitiés ont su transformer l'anal et l'oral en caritas et agapê : il n'y a pas de génitalité. On passe ainsi de l'amour possessif à l'amour oblatif. »

AIMER D'AMITIÉ

L'invention de la liberté

Vivant plusieurs belles amitiés avec des hommes (les uns mariés, les autres divorcés ou célibataires), je suis souvent considérée comme privilégiée par d'autres femmes qui ne connaissent que des amitiés féminines et des amours masculines, et aussi perçue comme traîtresse par des féministes qui n'ont retenu de leur lutte légitime et courageuse que l'agressivité et le mépris pour l'homme. Cela m'interroge et m'enchante. Je pactise en effet avec l'autre sexe, mais sans tomber obligatoirement dans le piège multimillénaire de la sexualité, ou dans l'ornière culturelle plus récente du passionnel. L'amitié entre homme et femme a vraiment à voir avec l'invention et l'anticonformisme. Et à toutes les femmes qui revendiquent ou défendent âprement leur liberté, je dirai qu'une liberté se concrétise non en accablant ou en éliminant l'autre mais en dialoguant avec lui. Une femme vraiment libre et autonome, qui n'a rien à défendre car elle n'a rien à perdre, trouvera dans l'amitié avec un homme une garantie de sa liberté au lieu d'en redouter la menace. La libération pour une femme d'aujourd'hui, vivant dans un pays libre d'Occident, ce n'est pas seulement le travail, l'existence indépendante, l'autonomie financière et le choix de sa vie amoureuse et sexuelle, c'est de générer, de promouvoir par l'exemple, de développer des relations d'amitié avec les hommes comme avec les femmes. Aujourd'hui, la liberté des femmes ne passe pas tant par leur carrière et leur capacité économique que par leur goût et leur engagement à faire naître et à faire vivre des sympathies, des amitiés, à créer des alliances. Dans les domaines du travail, de la politique, de la finance, du sport, de la science, de l'art, les femmes ont fait leurs preuves : elles peuvent faire « comme l'homme », aussi bien que lui. Il s'agit maintenant, pour les femmes, de ne pas devenir esclaves, comme beaucoup d'hommes, d'un système de pensée et de vie masculin où l'affectif, la chaleur humaine, le spirituel sont bannis pour mieux faire avancer la machine infernale du progrès et du pouvoir. Elles doivent témoigner d'autre chose, d'un respect et d'une attention à l'égard de l'être, elles doivent demeurer les témoins vigilants de l'essentiel au lieu de se ruer dans l'avoir, le pouvoir, le paraître, témoins de cet essentiel, qui ne se découvre que par l'amour — sous forme de « philia » ou « d'agapê ». Sans amour, la liberté n'est qu'un leurre et encore une prison.

L'amitié est aisée, fluide entre des individus équilibrés, c'est-à-dire dont le féminin et le masculin sont en paix et en harmonie, des êtres complets, en quelque sorte androgynes. N'être en soi que masculin empêche l'émotionnel, l'intimité, la confidence, l'intériorité ; ne vivre que son féminin entrave le dynamisme créateur, l'entreprise et la conquête que représente aussi l'amitié.

La meilleure part

Si je dois évoquer une différence entre l'amitié vécue avec les femmes et l'amitié avec les hommes, je remarquerai avant tout que cette dernière fait une large place aux échanges intellectuels ou débouche très vite sur le concret, sur un projet, une réalisation (une sortie au cinéma, un voyage, un travail en commun...). Entre femmes, la plénitude vient d'un échange d'affection, de tendresse, d'un partage spirituel ou des menus événements de la vie quotidienne ; avec un homme l'amitié, selon mon expérience, équivaut à création commune ou stimulation sur la création de chacun.

L'amitié entre femmes peut courir le risque du confort,

du narcissisme, tandis que l'amitié d'une femme avec des hommes fait sortir du cocon, avancer ou réagir. Moins rassurante, plus créative, l'amitié d'une femme avec un homme renvoie à soi-même, à sa terrible et magnifique solitude, à son étrangeté unique, alors qu'une femme, se sentant sœur des autres femmes, est dans cette amitié davantage reliée, associée. L'amitié avec les femmes va vers la profondeur, avec les hommes elle va de l'avant. L'amitié avec les femmes enracine dans une lignée, l'amitié avec les hommes crée un dépaysement, un étonnement, une découverte.

Avec tous mes amis masculins, je peux dire que nous avons projeté et le plus souvent réalisé des choses ensemble — livres, revues, reportages, émissions radiophoniques... L'idée venait de lui ou de moi, mais le désir de « faire ensemble » était le même. De certains je connais à peine la vie privée qui n'a, en fait, aucune incidence sur notre amitié ; celle-ci se suffit à elle-même et n'implique pas nécessairement confidences et épanchements sentimentaux. Notre amitié représente-t-elle une part réservée, secrète, sur quoi rien n'empiète ? Bouffée d'air, lieu sans conflit, espace jovial, je sens qu'elle est aussi, souvent, la meilleure part. En revanche, il m'est impossible d'imaginer une amitié avec une femme sans échanger des propos liés à l'intimité et à l'intériorité, des confidences sur la vie du corps, du cœur et de l'esprit, des interrogations sur les relations entre les êtres humains, sur l'avenir de la planète, sur le destin de l'humanité.

Beaucoup de femmes se plaignent que les hommes parlent si peu d'eux, de leurs émotions, de leurs sensations, de leurs rêves, angoisses et espérances. En fait, c'est avec les femmes — mais davantage avec des amies qu'avec leur épouse, leur compagne, leur amante — qu'ils parlent le plus, qu'ils osent s'exprimer sur des sujets intimes ou spirituels sans paraître ridicules, sans se sentir inquiétés ni jugés. « A une amie femme je dis tout », assure Édouard, 42 ans, marié et père d'une fille, « je sais que mes confidences, mes doutes, mes questions ne perturberont pas notre relation, ne la remettront pas en cause ; je peux parler en toute confiance à une amie, tandis que la transparence totale me paraît peu réalisable et finalement pas souhaitable avec la femme que j'aime, avec qui je vis. Je ne sais pas, chacun a besoin de garder une part de mystère pour embellir et sauvegarder la vie quotidienne ; et puis j'aurais peur, en me confiant totalement à ma femme, de me perdre à ses yeux ou de la perdre... ».

Devant une amie un homme pourra se montrer hésitant, vulnérable, perturbé, malheureux, il n'a pas d'image de marque à défendre, il peut mettre son âme à nu et s'exprimer en toute franchise sans craindre de blesser ou d'effrayer l'autre. « Une amie écoute sans juger, dit Martin, trente-quatre ans, elle m'aide parce qu'elle reste à distance de mes problèmes, parce qu'avec elle je peux échanger en toute sérénité, tandis que cela produirait des crises, des malentendus ou des larmes avec une femme dont je suis amoureux. »

L'amie inspire confiance parce qu'elle n'est pas impliquée sentimentalement, donc l'homme n'a pas à craindre ses réactions, il n'a pas à la ménager, à se dérober, à se taire. La distance, évoquée par Martin, n'est pas indifférence : elle permet l'écoute de l'autre et offre la justesse du regard, tandis qu'une personne impliquée amoureusement naviguera entre le jugement et le registre émotif.

« Au fond, c'est elle qui me connaît le mieux, dit Édouard d'une amie de longue date, parce que je ne lui cache rien... »

Pour décrire leur amitié avec une femme, la plupart des hommes ont employé le terme « complicité », et le terme

« confiance », qui est étymologiquement l'équivalent de « confidence ». Mais c'est aussi la « complicité » qu'ils recherchent dans une relation amoureuse, une vie de couple, souhaitant par là un accord tendre, amusé, à demi-mot, destiné à durer. Comment se retrouver dans la forêt des mots, des sentiments, des rêves, surtout lorsque l'on sait que « complicité » et « complexité » ont même origine ?

Mais l'amitié s'entête à semer ses cailloux blancs, à éclairer le labyrinthe des émotions et des sentiments, à élaguer aussi quelques branches et broussailles. D'elle on pourrait dire qu'elle est un chemin de simplicité, justement, loin du brouillamini et de la bousculade des appétits, pulsions, passions et illusions, un chemin désencombré.

« Et que ferons-nous, si je deviens ton ami ? » demande le Jupiter de Giraudoux. Et Alcmène la lucide de répondre : « D'abord je penserai à vous, au lieu de croire en vous... »

5

L'AMITIÉ DANS LE COUPLE

> « Il faut ne choisir pour épouse que la femme qu'on choisirait pour ami, si elle était homme. »
>
> JOSEPH JOUBERT

Combien d'hommes et de femmes se rencontrent, s'attirent, se plaisent, puis vivent ensemble ou se marient en n'invoquant que l'amour, en justifiant leur relation par le seul sentiment amoureux et jamais l'amitié ! Pourtant, si les deux partenaires sont suffisamment patients et de bonne volonté, s'ils ne sont pas centrés sur leur désir ou leur bien-être personnels, ils découvriront que le couple ne peut durer que grâce à l'amitié entre eux deux.

Le ciment du couple, ce n'est ni la sexualité ni l'enfant, mais bien l'amitié qui construit, comprend, respecte, l'amitié qui permet à chacun d'évoluer. Le sentiment amoureux est fragile, éphémère, et sur lui nous n'avons aucune prise ; le désir apparaît nécessairement volage, capricieux, nourri de rêveries et de fantasmes ; l'amitié, elle, offre à une relation conjugale la continuité, l'exigence de durer ; elle édifie véritablement le couple, en dépit des aléas du sentiment et des orages de la passion, des faiblesses ou des disgrâces physiques ; elle permet à chacun des deux de croître et de créer, et de se sentir en confiance.

Beaucoup de personnes interrogées, ayant entre vingt-cinq et quarante-cinq ans, jugent indispensable cette amitié dans le couple, sans pour autant la définir avec précision. L'amitié leur apparaît comme une valeur sûre, plus sûre et plus durable que la fidélité, trop souvent dictée par des préceptes religieux ou des conventions sociales. Si la promesse de fidélité est souvent hypocrite ou irréaliste, le pacte d'amitié entre l'homme et la femme les engage dans une relation plus authentique. L'amitié dans le couple, c'est le choix délibéré de continuer de vivre avec l'autre, auprès de l'autre, ce n'est pas une contrainte, une conduite forcée telle que l'entend la fidélité bourgeoise.

« L'amitié étant envisagée comme le contraire de l'égoïsme, elle est capitale dans un couple. Elle permet la réciprocité, l'aide mutuelle, le respect de l'autre. » C'est Fabrice qui parle, et il peut témoigner d'une vie conjugale de quatorze ans. Sa femme exerce un métier qu'elle aime, lui a une profession indépendante ; ils ne prennent pas systématiquement des vacances ensemble, « chacun laisse à l'autre le temps de respirer, de se retrouver », dit Fabrice. Ils partagent sans rechigner les tâches ménagères et se relaient dans l'éducation de leurs trois enfants. Couple idéal ? Non, mieux vaut dire couple moderne, c'est-à-dire égalitaire. Sur un plan plus privé, Fabrice reconnaît quelques passades, une ou deux folies dont il épargne le récit à sa femme, mais il met ces aventures sur le compte du désir, de la curiosité, du fantasme, et ses incartades n'ont jamais mis en péril son couple. De sa femme, il ignore si elle s'est octroyé le même genre de vagabondage. « Ces histoires n'ont pas entamé notre désir et notre plaisir d'être ensemble. Nous ne sommes pas un couple libéré, comme on dit, une expression qui me paraît ridicule, mais nous sommes réunis précisément par ce sentiment d'amitié qui résiste au temps et aux aventures passagères. »

Amants et associés

Le souhait d'amitié au sein d'un couple correspond à une évolution des mœurs, à une reconnaissance de la femme, considérée comme libre et égale, à une conception nouvelle du mariage. Dans un couple hiérarchique, dans un mariage où l'épouse ne sert qu'à « faire la bonne », l'amitié n'est même pas envisageable puisque les deux personnes ne sont pas sur un plan d'égalité, de reconnaissance mutuelle.

Les traditionalistes, les machos, les patriarches qui veulent leur femme à la maison et leur maison pleine d'enfants, ceux-là ne peuvent inclure l'amitié dans le contrat puisque la femme leur apparaît inférieure, nécessairement dévouée à eux ou soumise à leur autorité, à leur argent, puisqu'elle n'est capable que de s'affairer au foyer, de s'occuper de cuisine, de linge et d'enfants. Ce type d'hommes ne peut envisager l'amitié dans le couple puisque l'amitié fait reconnaître la liberté et l'égalité de l'autre, autant dire que l'épouse considérée comme amie prépare sa rébellion ou son balluchon et, déjà, se trouve sur le seuil de la porte...

Mais d'autres hommes rendent, dans une vie à deux, l'amitié improbable, suspecte : ce sont les faibles, les dépendants, les infantiles et les mollassons, tous ceux à qui la femme tient lieu de mère, de tuteur, de nourrice ou d'infirmière. L'amitié ne fonctionne pas à sens unique, elle vit de dialogue, d'aide et d'écoute réciproques.

De même, si dans un couple l'homme tient le rôle d'un père, d'un banquier ou d'un protecteur, la femme fragile et dépendante ne saurait requérir l'amitié, qui justement la ferait sortir de ce confort ou de ce cocon, et qui la ferait passer de la petite fille, de la femme assistée, au stade de l'adulte autonome.

L'amitié au sein du couple est ainsi le signe de l'égalité des partenaires, de leur désir de coopérer au lieu de s'en remettre à l'autre. L'homme et la femme partagent les tâches et les responsabilités d'une vie à deux et non seulement l'intimité ; ils ont à cœur de construire ensemble et de se relayer, ils savent que la joie qui en résulte vient du plaisir et de l'effort conjugués.

Une relation de dépendance, d'intérêt personnel, de subordination ou de fascination ne laisse pas place à l'amitié. A l'heure actuelle, nombreux sont les hommes qui ont peur de s'engager dans une histoire amoureuse ou une vie de couple, de crainte d'être « bouffés », selon leur propre expression ; tout aussi nombreuses sont les femmes qui hésitent, par peur de souffrir, par peur d'être abandonnées. Comment envisager une relation d'amitié entre ceux-là puisque chacun apparaît pour l'autre menaçant, dangereux ? Un homme, une femme sur la défensive, fuyants, ne peuvent s'ouvrir à l'autre ni accorder leur confiance : ils auront du mal à vivre en couple et ne pourront être touchés par l'amitié.

L'amitié implique le face-à-face et la reconnaissance de l'autre, de la valeur de l'autre, de l'irréductible de l'autre aussi. Elle ne permet dans le couple ni l'esquive, ni le dérivatif, ni la soumission de l'un ou de l'autre, ni la complaisance, ni la facilité. Elle chasse aussi les illusions, les chimères, en permettant que l'amour romanesque, l'attirance charnelle se confrontent à la réalité, au concret, au temps et à l'espace partagés. Elle permet qu'une relation de couple mûrisse et évolue, au lieu de se figer, de s'enfermer. « Une certaine complicité et de la tendresse sont indispensables si un couple veut durer, note Christelle, vingt-cinq ans. C'est peut-être l'amitié qui rend l'amour durable sans effacer le sentiment... »

Une vie de couple réussie, c'est-à-dire qui progresse

et évolue, repose sur un subtil équilibre entre eros et philia, un dialogue entre philia et eros. L'amour dit conjugal requiert plus que des amants, il demande aussi des partenaires, des associés, des amis qui s'estiment et se respectent, qui partagent les plaisirs du corps mais aussi les joies du cœur et de l'esprit. Et c'est philia, l'amitié au sens de vertu, de qualité spirituelle, qui permet au couple de traverser et de transcender ses brouilles passagères, ses incompréhensions, voire ses refus ou ses frustrations.

Il est bon de le rappeler : si dans la mythologie grecque le jeune Eros personnifie l'amour, s'il est le dieu du désir, de l'attrait amoureux, il se contente de tirer ses flèches sur les autres, mortels ou dieux. Lui demeure à l'abri, non atteint par la passion amoureuse, jusqu'au jour où il entrevoit Psyché, une jeune fille dont le prénom a pour signification : âme. Eros et Psyché sont unis par le secret, la nuit, le sacré, leur accord est une sorte de conspiration du sensible et du spirituel, même s'ils ne se privent pas d'étreintes (il est beau comme un dieu, elle est la plus charmante des mortelles). Par cette fable, Apulée indique la signification de ce qui est désormais devenu nom commun, presque vulgaire, l'eros assimilé à érotisme : le désir, l'entente sexuelle ne suffisent pas à fonder ni à maintenir un couple ; il doit s'y adjoindre, pour donner sens à l'eros, l'enraciner et même le transfigurer, les affinités de cœur et d'âme. Le désir que chacun a pour l'autre devient alors ouverture à l'autre, l'élan amoureux devient puissance aimante, l'amour humain retrouve sa dimension sacrée.

Pour Janine Chanteur, philosophe, avec qui je me suis entretenue longuement, « l'amour dans un couple ne peut se définir dans la composante considérable du désir. Mais le désir seul débouche sur l'aventure ou la passion. L'amour est aussi une amitié, c'est-à-dire la construction de quelque chose. Et chacun trouve dans l'autre quelqu'un à qui parler à égalité. »

L'amitié serait donc là pour atténuer ou transformer la violence ou la possessivité du désir et les rapports de force presque inévitables dans un couple. « Les couples se forment la plupart du temps, remarque Janine Chanteur, à partir de l'intensité du désir, et, comme il est de la nature du désir de changer d'objet très souvent, ces couples sont forcément instables. Le désir mort, ils s'aperçoivent qu'il n'y a plus d'affinités. S'ils faisaient davantage attention à ces affinités dont l'amitié ne peut se passer, il y aurait une réalité face au désir. Et l'enfant ne peut pas tenir lieu de ces affinités. »

La recherche de l'amitié au sein d'un couple est un signe de sagesse plus qu'une précaution de prudence. Elle permet à l'amour de grandir, de s'éclairer, de s'enraciner, elle n'est pas une assurance contre la perte, la souffrance ; elle offre une ouverture, de l'imagination, de l'invention là où les émotions s'agitent, le désir s'émousse, le sentiment patine. « L'amitié, dit Matthieu, trente-huit ans, me semble plus liée à la continuité », et Ghislaine, cinquante-quatre ans, estime que « l'amitié relève davantage de la fidélité, tandis qu'une relation amoureuse est forcément aléatoire, volage ou fugace ». Quant à Sylvain, marié depuis un an : « L'amitié avec la femme qu'on aime paraît la chose la plus difficile mais la plus importante à obtenir, un sentier bien étroit à la lisière de l'amour et de l'amitié... »

Une liaison douce

L'histoire de la littérature française a conservé le témoignage d'une relation entre homme et femme aux frontières de l'amour et de l'amitié, celle du philosophe Diderot et de Louise-Henriette Volland, surnommée Sophie. Lorsqu'ils se rencontrent, en 1754, ils ont la quarantaine. Diderot est marié, père d'une fille, il est déjà célèbre. Pendant une vingtaine d'années, à un rythme irrégulier, il correspondra avec Sophie qu'il appelle « mon amie », « ma tendre amie », « ma Sophie », « chère amie ». Lui-même signe ses lettres « votre amant et votre ami Diderot ». Ils ne vivront pas ensemble, mais leur « liaison douce » — telle est l'expression de Diderot — est un échange complice, amusé, ironique et tendre, qui compte plus sur les affinités du cœur et de l'intelligence que sur les relations physiques, espacées, improbables. « Les sentiments de tendresse et d'amitié que vous m'avez inspirés font et feront à jamais la partie la plus douce de mon bonheur », écrit Diderot le 2 octobre 1761 à la femme aimée. Pour cet homme de bien, cet homme généreux et chaleureux, l'amitié est passion et vertu, elle suscite l'enthousiasme comme l'élévation de l'âme : « Faisons en sorte, mon amie, que notre vie soit sans mensonge. Plus je vous estimerai, plus vous me serez chère. Plus je vous montrerai de vertus, plus vous m'aimerez. »

Diderot mourra en 1784, quelques mois après Sophie Volland. Plus près de nous, on pense à Cocteau, qui s'éteint le même jour que sa grande amie Édith Piaf : une complicité, un pacte qui franchissent les barrières irrémédiables.

On pourrait arguer que, s'ils avaient vécu ensemble, s'ils s'étaient mariés, Diderot et Sophie Volland auraient peut-être vu décroître ou déchoir leur amour et leur amitié ; qu'il est plus aisé de rester amants et amis lorsque les rencontres sont espacées, lorsqu'on évite le quoditien. La même objection fait remarquer que si Tristan et Iseut avaient pu se marier, si Roméo et Juliette n'étaient pas de familles ennemies, et si Leïla et Majnûn s'étaient retrouvés, leur passion folle n'aurait pas résisté. En fait, on projette toujours sur la relation de couple le feu d'artifice du passionnel, négligeant ce qu'en langage musical on appelle la basse (partie sur laquelle repose tout l'échafaudage harmonique) et qui permet au couple à la fois d'affronter le quoditien et de lui survivre. Une relation amoureuse faite avant tout d'élans, d'ardeurs, d'émotions intenses ou désordonnées, de désirs violents, si elle veut rester telle, fuira le quotidien car elle sait bien que, face à la réalité, elle s'effritera, elle n'aura aucun recours. Une relation qui inclut des goûts communs, des aspirations communes, hésite moins à se tester dans le quotidien, elle souhaite même vérifier sa qualité, sa valeur au long des jours, car elle cherche à construire.

Les couples passionnels fuient, ignorent ou dénigrent l'amitié, jugeant qu'elle ne peut être que l'affadissement ou la dégradation de leur amour. S'ils affrontent la réalité du quotidien, la connaissance de l'autre et de soi, ils perdront nécessairement leurs illusions, leurs rêves et fantasmes, et ils n'auront jamais accès à l'amitié. S'ils se séparent, après avoir été si amoureux, si fous l'un de l'autre, si accrochés l'un à l'autre, c'est pour ne plus se revoir ou pour se détester à jamais.

L'humour de l'amour

L'amitié dans un couple ne barre ni ne diminue le sentiment amoureux, le désir, l'élan, mais elle est le garde-fou de la passion, la *part lucide, sereine et amusée* d'un amour qui risque à tout instant de se dérober, de devenir agressif, dévorateur ou indifférent. Loin d'être la détérioration, la tiédeur de l'amour entre deux êtres, l'amitié est la gardienne vigilante de la relation de couple, qu'elle empêche de verser dans les ornières de la passion et le prosaïsme conjugal. « Sans l'amitié on s'ennuierait, dit Magda qui compte trente années de mariage et mène une vie active. Mon mari est un très grand, un merveilleux ami. Quand il est absent de la maison plusieurs jours, j'ai l'impression d'être dans un désert... »

L'amitié garde les yeux ouverts, elle offre connaissance et respect de l'autre — l'autre qui n'est ni notre double, ni notre reflet, ni notre rêve, ni notre jouet. Dans un couple, elle est exigence, estime réciproque, patience et tolérance.

L'amitié a la vertu de tempérer et de relativiser la relation amoureuse, si vive, si entière soit-elle. Avec sagesse et humour, elle murmure que les amoureux ne sont pas uniques au monde, qu'un seul être ne remplace pas l'univers, que le mariage n'est pas une assurance sur le bonheur, que l'amour-toujours est une rengaine d'autant plus inusable que l'amour véritable est rarement effleuré, à peine entrevu...

L'humour joue un rôle capital, me semble-t-il, dans un couple ou dans une histoire d'amour si l'on souhaite qu'ils durent et soient légers à vivre : c'est un recul amusé pour ne pas être dupe de la comédie des sentiments ; c'est aussi le sens ludique, le sens de la fête. Les couples équilibrés et durables que j'ai rencontrés pratiquent très souvent l'humour par rapport à eux-mêmes.

La générosité, l'ouverture

L'amitié comporte, selon moi, deux aspects au moins qui la rendent indispensable à une vie de couple : la générosité et l'élégance. Elle empêche l'homme et la femme qui vivent ensemble de tomber dans le médiocre, dans le vulgaire, et aussi de se refermer, de s'étouffer l'un l'autre à force de se repaître l'un de l'autre.

Ce n'est pas, comme on continue de le rabâcher, le quotidien qui tue l'amour mais l'enfermement auquel il acquiesce, qu'il souhaite même, les cloisons étanches que le couple édifie. Hantés par le mythe mal compris de l'androgyne, les amoureux qui décident de vivre ensemble se persuadent que l'autre tient lieu de tout, que chacun suffit à l'autre et comble l'autre, donc les autres sont superflus, inutiles à leur bonheur, voire intrus. Dans ce type de couple fusionnel-dévorateur, ce qui est qualifié d'amour, de sentiment passionné, a plutôt à voir avec le parasitisme (dûment consenti) et avec le vampirisme (délicieusement recherché et entretenu jusqu'à ce que l'un des deux tombe au sol, saigné à blanc). Je suis toujours ébahie (et effrayée) de constater combien la plupart des couples reçoivent avec parcimonie, invitent du bout des lèvres, comme s'ils voulaient thésauriser pour eux un amour qui risquerait de se dilapider en d'autres relations — d'amitié, ou de travail. On connaît les excuses : la fatigue, les transports d'une grande ville, le manque de temps, les enfants... Mais les personnes seules, les femmes surtout, invitent à dîner, trouvent l'énergie de sortir, d'aller au cinéma, au concert, prennent le temps de téléphoner ou d'écrire. Le couple, en se repliant, croit se renforcer ; en fait, il signe son arrêt de mort. Le jour où le couple-prison s'ouvre, c'est que l'un des deux est « allé voir ailleurs », selon la formule. Exit la moitié d'orange. L'androgyne aux pieds d'argile s'effondre. L'amour mythique n'est plus que poussière, larmes, déceptions et récriminations ; l'amitié, qui n'eut jamais les honneurs de la maison, reste lointaine ou inexistante.

On entend dire, comme une banalité, que les copains

sont l'ennemi du couple (le copain étant, dans l'imagerie populaire, celui qui entraîne le mari à boire, jouer, draguer) ; l'inverse est plus exact et plus fréquent : le couple marque souvent la fin, l'oubli ou la mise à l'écart des amis. Or un couple dépouvu d'amis, un couple qui ne fait pas la place à l'amitié (entre eux deux et à l'extérieur) est un couple condamné — condamné à rester ce qu'il est au lieu de se remettre en question, d'évoluer ; un couple qui devient un concept, un amalgame, un état figé, au lieu d'être une dynamique, une source vivante, une rencontre de deux individus distincts, amants et alliés.

Si l'amour prend souvent l'allure d'un geôlier, l'amitié a toujours le visage d'une hôtesse. Elle permet que le couple s'ouvre aux autres, échange avec le monde extérieur, soit un lieu de passage de l'amour plutôt qu'un ménage de deux avares qui ont peur de perdre, peur de se perdre. L'amitié donne sens à l'amour du couple : au-delà des plaisirs et des joies partagés, au-delà de la contemplation et de la satisfaction réciproques, l'amitié demande que l'amour de l'homme et de la femme *serve*, qu'il soit bienfaisant, altruiste. C'est l'amitié qui enjoint au couple de « croître et multiplier » non en quantité, par la procréation, mais en qualité, par le développement spirituel, l'ouverture du cœur, la présence rayonnante au monde.

L'élégance, le respect

L'amitié respecte la distance, l'espace et la personnalité de l'autre, tandis que l'amour humain, par essence symbiotique, cherche le rapprochement, l'enveloppement, l'étreinte, et risque d'autant plus d'empiéter sur l'autre, de violer son espace, s'il se vit en couple au quotidien.

L'élégance qu'implique une véritable amitié est un respect de soi et de l'autre, une finesse de relation, un rempart délicat contre la promiscuité et le laisser-aller : elle est pudeur, courtoisie, silence bienveillant, discrétion, mais aussi goût de la beauté.

La politesse, les « bonnes manières » ont ceci de commun avec l'amitié qu'elles tiennent compte de l'autre, qu'elles respectent les autres personnes, faisant en sorte de ne point les choquer par des gestes, des paroles, des actes ou attitudes... Elles ne sont pas des formes superflues ou désuètes d'une société hypocrite, mais elles représentent le minimum vital pour qui vit en couple, en famille, en société. Sans cette attention à l'autre, cette délicatesse envers l'autre, le couple n'est plus qu'un appariement fruste et sans grâce, la famille ressemble à une tribu grossière, les amis prennent l'allure de sans-gêne, d'envahisseurs, et la société entière s'en trouve enlaidie.

L'amitié au sein d'un couple rappelle à l'un et à l'autre qu'il y a un temps pour s'unir et un temps pour la solitude, un temps pour partager et un temps pour faire silence, un temps pour l'étreinte et un temps pour le retour à soi. Elle rappelle aussi que l'intimité ne se réduit pas à la relation charnelle, qu'elle requiert le partage de l'intériorité, le dialogue d'âme à âme, elle oriente et illumine une étreinte qui, au lieu de se contenter d'une satisfaction sexuelle, témoigne de la beauté, du mystère et du sacré des êtres. Là, elle devient amour.

La juste distance

« L'amitié au sein d'un couple est importante, elle n'est pas facile » : cette constatation d'Évelyne, mariée depuis dix-huit ans à un pilote, résume l'avis de la plupart des personnes questionnées. Élodie, cinquante-quatre ans, une femme divorcée qui aime la vie, les beautés et les plaisirs de ce monde, qui aime aimer, nous offre un joli témoignage :

« Être en amitié avec un être humain, c'est d'avance l'accepter, le sentir avec ses défauts, ses manques, ses avancées et ses reculs ; accepter ses idées, sa tournure d'esprit, son manque ou son excès d'humour, ses penchants, ses écarts, ses folies... Mais supporterais-je cela dans une histoire d'amour ? Non. Au quotidien, ce lien tissé d'amour me contracte, me hérisse, me plisse si je sens l'autre si différent, d'une différence qui devient intolérable. Il aime à la folie les péplums, il vote extrémiste, il n'apprécie que Victor Hugo, il déteste la cuisine indienne, il s'acoquine à une secte ou se vautre dans un matérialisme pesant : qu'il aille au diable !

« D'un ami, peu me chaut. Il, elle, vit sa vie, choisit, aime, tranche, déteste. D'un être aimé, j'en crève à vouloir trop le respecter, je piaffe, je souffre, j'y perds mon âme. Je suis trop hautement intéressée par la vie de l'autre. Et comme j'ai voulu que l'amitié soit présente dans la vie du couple, elle m'interdit toute manifestation vulgaire. De l'élégance qui voile ma rage intérieure. Invivable. »

Pour Élodie, l'amitié souhaitée dans le couple équivaut à « vouloir tempérer l'état amoureux vigilant, brut, fusionnel, d'un peu de grâce, de fraîcheur, d'attente, de distance, d'équilibre, de fraternité. C'est à la fois être frères dans les inévitables affrontements, être humains, et être plus simples. »

L'amitié respecte l'identité de l'autre au lieu de vouloir la contraindre, la modeler à sa guise, la changer ou l'absorber. Elle est distinction, au double sens de différence et d'élégance. Elle a un visage grave, des paroles et des gestes sans flatterie, pour nous dire que dans un couple on peut « faire un » comme deux enfants siamois, inséparables, ou comme les murs porteurs d'une maison, les colonnes d'un temple, solidaires mais nécessairement espacés pour soutenir un édifice qui les unit et les dépasse. L'amitié assure une juste distance telle qu'aucun ne craint d'être absorbé ou quitté. L'amitié fait mûrir et grandir le sentiment amoureux pour le transformer en amour. Ce n'est pas une mince entreprise, et plus d'un renonce car il s'agit d'un véritable travail personnel, psychologique et spirituel, un effort soutenu, vigilant, qui ne reçoit pas de satisfactions immédiates ni de gratifications personnelles de type amoureux. L'amitié offre à l'amour sentimental la dimension du temps, la chance de se développer, de s'affiner et de s'approfondir avec le temps, qui apparaît dès lors comme un allié et non comme un ennemi. L'amitié au sein d'un couple assure la continuité, elle incarne la persévérance alors que, sous le coup d'une déception, d'un malentendu, d'un affrontement ou d'une frustration, des amoureux ou des amants se lassent, se quittent ou se détestent à tout jamais. L'amitié, elle, ne perd pas cœur, elle représente même le courage de poursuivre une relation en dépit de ses troubles et de ses incompréhensions, au-delà des intermittences du sentiment et des caprices du désir. Elle est ce qui demande à poursuivre et à s'accomplir dans l'amour.

L'amitié offre cette continuité et cette constance parce qu'elle est beaucoup moins susceptible, beaucoup moins égocentrique que le sentiment amoureux, qui supporte mal les blessures d'amour-propre, et que la passion, dont la devise est « tout ou rien ». Elle représente cette voie du milieu où rien n'est exclu, où tout peut se rencontrer, s'équilibrer, s'apaiser.

L'accord et l'ardeur

Dans la construction et la durée d'un couple, l'amitié est au lien amoureux ce que la connaissance est à la croyance, ce que la compréhension est à l'adoration, ce que la patience est à l'emportement, ce qu'est l'échange à la fusion. Elle est une bienveillance et une aide mutuelles qui renforcent le sentiment, la tendresse, qui les rendent crédibles, authentiques, et non humeurs passagères. L'amitié dans un couple, c'est ce qui donne de l'unité et du velouté à l'étoffe amoureuse, ce qui préserve la relation de succomber à l'agressivité, à la violence, au jeu du pouvoir et de la rivalité, ce qui maintient la constance en dépit des hauts et des bas. Si l'amoureux s'identifie volontiers au sentiment qu'il éprouve, si l'amant fait un avec son désir, l'ami sait prendre le recul (de l'intelligence, de la sagesse, de l'humour ou de la lucidité) pour faire la part des choses, pour reconnaître que lui comme l'autre existent en dehors de la relation amoureuse ou conjugale, qu'ils ne sont pas qu'amants ou époux mais eux-mêmes. Quentin, musicien célibataire de trente-cinq ans, tire un enseignement de ses expériences amoureuses qui, toutes, se sont transformées en amitiés : « Lorsque le couple a atteint un certain degré de maturité émotionnelle et affective, pour ne pas dire spirituelle, il peut se dégager des entraves pernicieuses de l'attachement. »

Le couple orageux, qui oscille de l'amour à la haine, de l'adoration à la violence, qui règle ses querelles sur l'oreiller, ce couple d'amants-ennemis ne trouvera l'équilibre et la paix qu'en faisant place à l'amitié. Certes, l'amitié est moins tapageuse que la passion, elle n'entraîne ni folies ni dérives, mais elle conduit plus sûrement deux individus vers un long voyage et ne provoque pas de dégâts. Avec patience, elle utilise l'énergie des deux partenaires pour construire au lieu qu'ils la dilapident en s'affrontant, en s'usant l'un l'autre. Elle est calme et confiante, elle offre un espace libre où chacun peut se retrouver, se réparer. Deux animaux enfermés dans une cage s'agitent, s'inquiètent, deviennent agressifs parce qu'ils sont à l'étroit. Si chacun a suffisamment d'espace pour soi — lieu d'activité extérieure, lieu de retraite et de silence, espace intérieur aussi — les deux personnes qui forment un couple se retrouveront avec bonheur, leur relation sera amoureuse et paisible. Mais le mythe fusionnel résumé par la poétesse Marie de France par le fameux « ni vous sans moi, ni moi sans vous » continue à faire plus de ravages et de victimes qu'il ne donne naissance à des amours heureuses, à des couples réussis.

« Les couples qui tiennent, dit Pierre Solié, ont su transformer l'amour romantique du début en tendresse, en amitié, allant ainsi du pulsionnel et du sentimental jusqu'à l'amitié de dilection, spiritualisée. Sans l'élan, sans le sentiment, la croyance, les gens ne vivraient pas ensemble, ne se marieraient pas ; mais la durée, la stabilité d'un couple dépendent de sa capacité d'amitié réciproque. L'amitié est ainsi au bout du chemin, et non donnée au départ. L'amitié, ça se conquiert, tandis que l'amour-pulsion c'est donné. L'amitié qui retrouve la Beauté platonicienne est une véritable quête, c'est une voie d'ascèse, une ascèse quotidienne.

« De même pour la complicité, cet état d'empathie avec l'autre, qui permet de le comprendre à demi-mot : ça se recherche, ça se gagne, ça s'affine au fil des jours... L'amitié dans un couple permet d'assumer le vieillissement de l'autre, les décrépitudes, et de continuer à voir la beauté, la lueur d'agapê dans son visage. »

Croître ensemble

L'amitié a beaucoup à apprendre à l'amour humain et d'abord le respect et l'estime de l'autre, qui empêchent de s'accrocher à l'autre, d'avoir une emprise ou d'être dépendant, qui empêchent aussi la complaisance, la facilité, le laisser-aller. Elle implique le respect de soi comme de l'autre, la fidélité à soi-même aussi : aimer l'autre n'est pas se renier, perdre ses repères, se sacrifier, renoncer à ce qui paraît essentiel ; aimer l'autre ne conduit pas à se modeler sur l'autre, à suivre ses désirs, mais — selon la valeur éthique de l'amitié — à se perfectionner, à s'accomplir, à devenir meilleur grâce à l'autre.

L'amitié, dans le couple, ce serait le sens de la confiance, le goût de l'aide mutuelle ; ce serait ce désir de construire ensemble, et aussi le ferment, le désir d'avancer, d'évoluer ; ce serait la juste distance qui permet d'apprécier l'autre sans se confondre et sans se l'approprier ; ce serait enfin plus de douceur, de générosité, d'indulgence, de clairvoyance aussi, pour transformer un sentiment intense, violent, intraitable, aveugle ou tyrannique, en véritable amour. L'amitié écoute, accompagne, soutient sans juger ni condamner l'autre ; ses conseils ne sont pas des ordres, la franchise de ses paroles n'est pas blessante, et elle ne fait pas de chantage au sentiment.

Il est certainement beaucoup plus facile de devenir de vieux amis que d'être, comme le chante Jacques Brel, de « vieux amants ». Chacun de nous connaît de ces vieux couples, unis par une longue affection, par le temps et les épreuves vécus ensemble, où l'on ne saurait démêler ce qui revient à l'habitude, à l'attachement, à la tendresse et à l'échange de services. Ce qui est sûr, c'est qu'ils sont encore ensemble trente, quarante, cinquante ans après, autrement dit le temps travaille pour eux, il permet un ajustement, un accord du couple, alors que le même temps met à l'épreuve ou anéantit le seul désir, l'engouement, le coup de foudre et la passion. On voit passer de tels couples très âgés dans les films des frères Taviani : leur désir ultime est de mourir en même temps, non point de mourir enlacés comme des amants, ni même de partager le même tombeau.

Le défi de l'amour conjugal est de cheminer ensemble longtemps, de durer ensemble, au lieu de se quitter à la première anicroche, au premier caprice, à la première difficulté ; et c'est l'amitié — avec toutes ses ressources — qui permet au couple de relever ce défi, là où les sentiments défaillants, le désir incertain, ne sont d'aucune stabilité et d'aucune patience. Il est bon de relire et d'analyser la fable que nous conte Ovide*, dans *Les Métamorphoses*, à propos d'un vieux couple, Philémon et Baucis. Tous les ingrédients y sont, on pourrait même lire cette histoire comme une recette pour fabriquer un « couple idéal ».

Le chêne et le tilleul

Ovide, le poète qui a écrit *L'Art d'aimer*, raconte qu'un jour Jupiter et Mercure se promenaient sur terre et, se sentant fatigués, ont réclamé l'hospitalité dans diverses maisons. Les portes sont restées closes, jusqu'à ce que les dieux frappent à la porte d'une chaumière modeste, habitée par deux vieillards. Elle se nomme Baucis, et lui Philémon. Ils sont pauvres, autant dire réduits à l'essentiel, pour eux l'être est plus important que l'avoir ou le paraître. Ils n'ont pas de serviteurs et se partagent les tâches du foyer : il s'affaire au jardin, elle prépare un feu puis

---

* Ovide, *Les Métamorphoses*, Garnier-Flammarion, 1966.

un repas. Ils ont le sens de l'accueil, de l'hospitalité, leur couple est généreux et ouvert aux autres. Pendant que le repas se prépare, ils conversent avec leurs visiteurs, qui se reposent sur un lit que leurs hôtes ont avancé. Puis ils partagent les mets : œufs et olives, endives, porc fumé, fromage blanc, rayon de miel, noix, figues, prunes et raisins, le tout arrosé de vin. « A tout cela s'ajoutèrent, plus précieux encore, la bonté qui se lisait sur leurs visages, un empressement et une générosité sincères. »

Un fait étrange se produit : le vin est inépuisable, le récipient se remplit toujours. Les deux vieillards prennent peur, mais les dieux se font reconnaître et emmènent leurs hôtes à l'écart, sur une montagne. Philémon et Baucis gravissent le chemin, symbole d'effort mais aussi d'élévation spirituelle. Du sommet, les dieux leur montrent le village, les maisons inhospitalières qu'ils vont engloutir comme châtiment, tandis que la pauvre chaumière du vieux couple sera non seulement épargnée mais transformée en temple.

Jupiter demande à Philémon et à Baucis de prononcer des vœux, et d'un commun accord tous les deux répondent qu'ils souhaitent devenir les prêtres et gardiens de ce sanctuaire, et ils ajoutent un second vœu qui leur est cher : « Faites que la même heure nous emporte, puisque nous avons vécu toujours unis de cœur... »

Et leurs souhaits sont exaucés. Bien des années après, ayant rempli leurs tâches humaines, c'est-à-dire terrestres *et* célestes, ils se métamorphosent en arbres à la même minute. En deux arbres proches l'un de l'autre mais d'essence différente : un chêne et un tilleul. Non point en un seul arbre, ce qui donne à réfléchir sur ce couple uni, durable, et respectueux de l'identité de chacun.

Dans le couple que forment Baucis et Philémon, il n'est question ni des tourments ni des délices de la passion, ni de ce désir têtu de ne faire qu'un corps, mais Ovide évoque l'union des cœurs et le partage spirituel qui leur permettent de progresser ensemble. Philémon et Baucis sont unis mais non identiques, ils sont proches mais non confondus.

A la lumière de cette histoire nous comprenons comment l'amitié, chemin de perfectionnement, peut de nos jours redonner sens et profondeur à une relation amoureuse bien profanée, devenue presque ridicule, et à la relation de couple, ressentie comme précaire, aléatoire ou invivable.

L'amitié est un modèle pour l'amour d'un homme et d'une femme, et elle est toute proche de l'amour lorsqu'elle permet à deux individus une créativité personnelle, une ouverture relationnelle, et une croissance intérieure, lorsque le but du couple est de construire ensemble quelque chose de plus grand que soi, plus grand que deux individualités.

La dimension sacrée

L'amitié s'intéresse à la qualité morale de l'individu, elle s'adresse à son esprit bien plus qu'à son corps et à sa psyché, elle lui reconnaît une valeur sacrée. Dans une relation d'amour entre une femme et un homme, c'est elle qui veille à ce que le désir garde une dimension de sacré, de mystère, au lieu de sombrer dans le fantasme, la manipulation, la facilité, l'utilité ou l'habitude. L'amitié, qui est oubli de son petit moi, ouverture à l'autre, a pour répondant dans l'amour charnel don et abandon de soi, dissolution de l'ego, dimension cosmique. « La chair est triste », et la relation érotique répétitive et lassante lorsque les amants excluent le sacré de leurs rencontres. Le plaisir est un élan, une porte, une ouverture ; considéré et recherché comme une fin en soi, il ne mène qu'à l'ennui ou au perpétuel changement de partenaire.

Éluder ou piétiner la dimension sacrée de l'amour humain revient à ôter tout mystère à l'individu et autorise à le mépriser, le bafouer, le profaner : combien de mariages sont, comme il a été dit, des viols consentis, combien d'épouses soumises et terrorisées jouent au foyer le rôle de putain de service... ! Face à ces sordides secrets d'alcôve, l'amitié la plus légère apparaît d'une noblesse et d'un respect rares. Faut-il insister sur ce qui paraît une évidence : la sexualité n'est pas synonyme de communication. La sexualité est à l'amour (et à l'amitié) ce que l'expression personnelle (sensibilité, imagination, narcissisme aussi) est à la communication. L'amitié, l'amour véritable sont communicants. La rencontre sexuelle, pas forcément.

Porneia, eros, philia, agapê : l'amitié empêche l'eros de se vautrer, de se profaner dans la pornographie, elle lui donne sens, visage et ouverture vers une dimension, une profondeur et un mystère que le « faire l'amour » ne contient pas, n'épuise pas, vers l'Amour souverain qui nous dépasse et nous échappe infiniment.

6
... ET APRÈS

> « Nous étions deux amis, nous sommes deux étrangers. Mais cela est bien ainsi. Nous sommes deux vaisseaux dont chacun a son but et sa route particulière ; nous pouvons nous croiser, peut-être, et célébrer une fête ensemble, comme nous l'avons déjà fait... »
>
> FRIEDRICH NIETZSCHE

Il n'y a pas si longtemps, le « restons amis » proposé peu après un divorce ou une séparation sonnait comme une provocation, une incongruité. C'est un comportement assez récent de garder l'amitié voire la complicité après une rupture sentimentale, de transformer la relation amoureuse en amitié fidèle.

Si un homme et une femme sont réunis dans un couple seulement par le désir et la tendresse — par les attaches sexuelles et sentimentales — le lien entre eux deux ne résiste pas à la séparation, il sombre avec le reste. S'il y eut entre eux deux, de surcroît, l'amitié, la relation subsiste, même transformée : demeurent intacts l'estime, le respect, la reconnaissance de l'autre. Il ne s'agit plus de garder de bons souvenirs d'avant, d'être fidèles à un passé commun, il s'agit de continuer, de découvrir autre chose, de s'aimer différemment. Mais, ça non plus, ce n'est pas facile.

Avec lui ou sans lui

Beaucoup de personnes, blessées et déçues par une séparation qu'elles vivent comme un échec, comme la fin de tout, préfèrent rejeter, oublier l'autre, devenu source de souffrance ou de culpabilité. Il est plus expéditif de classer l'affaire, on se pose aussi moins de questions et on ne se permet pas de réfléchir, d'évoluer. La personne qui provoque la séparation, ainsi que la personne qui subit la rupture sont embarrassées pour poursuivre une relation qui leur paraît dès lors privée de sens puisque l'une des deux n'aime plus, ou aime ailleurs. Le choix paraît s'imposer brutalement : avec elle ou sans elle, avec lui ou sans lui. Le goût de l'emprise, de la possession s'exprime avec toute sa violence au moment d'une séparation, avec des phrases entendues des centaines de fois comme : « je ne veux plus le voir », « nous n'avons plus rien à faire ensemble », « il faut tourner la page », « tout est fini entre nous », « je ne veux plus entendre parler d'elle », etc. En clair, cela veut dire : je te prends, je te garde ou bien je te jette, je te perds. Tu existes par rapport à moi ; en dehors de moi (de mon « amour »), tu n'as plus d'identité, de liberté, d'état civil.

Qu'est-ce que cet amour qui dénie à l'autre, naguère tant chéri, le droit d'exister, d'évoluer, de respirer tout simplement ? Quelle était la valeur d'un couple ou d'une liaison amoureuse qui, à la séparation, ne trouvent à échanger que haine, revanche, rancœur ou indifférence ? Je dirais volontiers que, paradoxalement, la qualité et la profondeur d'une relation sentimentale ou conjugale se reconnaissent après, à ses suites, à sa continuité après la séparation physique. Une relation amoureuse authentique, ni égoïste ni illusoire, survit à la rupture parce que précisément elle est riche d'autre chose, parce qu'elle a tissé entre les deux amoureux autre chose que l'agrément, le plaisir de s'aimer. Une histoire d'amour qui, finissant, s'atténuant, sépare à tout jamais les deux amants ne mérite ni plainte, ni nostalgie, ni regret : ils ne se sont jamais rencontrés vraiment, ils sont passés à côté l'un de l'autre, ou bien chacun s'est servi de l'autre ; ils ont cru s'aimer, ils ne faisaient que contenter leur égoïsme, leur besoin de pouvoir, de rêves et d'illusions. En ce cas tellement fréquent, la personne délaissée pleure sur ce qu'elle croit un amour perdu, en fait elle ne pleure que sur son aveuglement, sur la perte de son mirage chéri, autant dire qu'elle pleure sur soi.

Se déprendre

« Mon corps la quitte mais mon cœur s'attache », reconnaît Daniel, trente-quatre ans, décontenancé, en pleine rupture sentimentale. Comment se défaire en effet, comment se déprendre, comment renoncer à l'autre sans le renier, sans le perdre ? Nouveau défi lancé par l'amitié, cette recherche d'un équilibre délicat, subtil, d'un ajustement à inventer, qui n'est plus l'attirance, la passion, le trouble, la joie amoureuse, qui n'est pas encore harmonie, entente paisible, libérée de tout contentieux, de tout reproche, de tout regret, de tout désir de revanche, de toute nostalgie.

Une rupture, un divorce représentent un test impitoyable sur la qualité de nos sentiments, de notre relation à l'autre. Ils dévoilent brutalement que la personne aimée ne l'était que par narcissisme, intérêt, facilité ou immaturité. Ces circonstances pénibles peuvent aussi être une occasion de mûrir, de lâcher prise, de passer une porte au lieu de se refermer sur un échec. J'aime que, dans la langue française, les termes de « rupture » et de « route » (du latin *via rupta*) aient même origine étymologique : en ce sens, une rupture sentimentale, un divorce ne sont pas la fin brusque d'une route, d'une expérience commune, mais une occasion de frayer un chemin, de continuer.

Beaucoup de personnes s'en sentent incapables : parce que leur fierté en pâtit, parce qu'elles sont gênées ou blessées, parce qu'elles auraient l'impression de mendier ou de s'apitoyer. Ainsi Muriel, trente-huit ans, brune, vive, passionnée, déclare : « La continuité de la relation, la tendresse et l'amitié peuvent certainement être possibles au-delà d'une séparation amoureuse, mais moi je n'y arrive pas. C'est la rupture totale lorsque la dimension sexuelle n'est plus possible. Pas de compromis. » Isabelle, vingt-neuf ans, ne peut envisager non plus une suite à l'histoire amoureuse : « De la part de la personne qui rompt, il reste uniquement de la pitié pour l'autre. C'est insupportable pour tous les deux. Mieux vaut s'abstenir. »

Ainsi disparaît du jour au lendemain, dans la jungle des villes, dans l'épaisseur du silence, quelqu'un que nous chérissions au plus haut point, avec qui nous avions souhaité vivre. L'être aimé se retrouve brutalement jeté dans la fosse commune. D'être élu, choisi et recherché entre tous il devient passant anonyme, rendu à l'indifférence de la foule, de la masse obscure ; celui qu'on avait connu et reconnu dans l'amour, grâce à l'amour, est misérablement réduit à un statut d'inconnu, quelqu'un à qui on n'adresse ni un regard ni une parole, quelqu'un qui a été tellement aimé qu'il ne mérite même plus un signe de chaleur humaine, de solidarité animale. Comment (je me pose la question, moi qui ne supporte pas les ruptures définitives, moi qui suis persuadée que toute relation demande à poursuivre jusqu'au bout, jusqu'à la mort, que toute rencontre est « pour la vie »), comment donc peut-on vivre avec cette béance, cet arrachement en soi, comment peut-on ne plus s'intéresser à un être qu'on a aimé, comment peut-on laisser disparaître une personne qui est aussi votre histoire, avec qui on a voulu beaucoup ou tout partager ? De cette violence à soi-même et à l'autre, dans une séparation définitive, de cette violence qui est fermeture, qui croit exorciser la souffrance en la niant, en tranchant dans le vif, en se cuirassant, je ne suis pas capable.

Qu'est-ce que cet amour qui refuse à l'autre le droit de cité en son cœur, en ses pensées, en sa compagnie, après avoir partagé le lit, le temps, l'espace, les préoccupations de l'autre, aux beaux jours de l'histoire amoureuse ? La séparation totale, le divorce sans lendemain prononcent un verdict implacable : ils ne s'aimaient pas, ils s'aimaient mal, il n'y avait pas d'amour véritable dans leur couple. Très dur à entendre, très douloureux à admettre pour son amour-propre. C'est même pour éviter d'entendre ce verdict, de se poser des questions sur la relation antérieure, sur la qualité de ce lien, que les deux amoureux rompent sans se revoir : ils préfèrent caresser leurs illusions ou leurs nostalgies, embellir au besoin, plutôt que de vérifier leurs sentiments, plutôt que de mettre leur amour de naguère à l'épreuve du présent, de la réalité.

Viviane a pu ainsi mesurer, après coup, la supercherie d'une relation amoureuse qu'elle avait cru transformer en amitié sincère. Bibliothécaire, âgée de quarante et un ans, elle a vécu plusieurs années avec Yves, dont elle s'est ensuite séparée pour vivre avec un autre homme. Elle a souhaité conserver une amitié qu'elle croyait complice : tous les deux se téléphonaient et se rencontraient fréquemment, ils se « disaient tout », croyait Viviane, qui ne cachait pas à Yves sa vie personnelle, ses projets. Puis, trois ans plus tard, elle a découvert qu'Yves lui cachait bien des choses, qu'il avait joué la comédie de l'amitié, qu'il avait même brodé des mensonges, qu'il ne lui avait même pas confié qu'il s'était marié entre-temps... De cette amitié-là, de cette tromperie, Viviane est bien revenue, et elle analyse ainsi la situation : « Peut-être qu'une certaine tendresse peut subsister après une rupture, mais une vraie rupture bien passionnelle ! Une amitié, nenni ! En effet, cette tendresse aux souvenirs, aux petites manies partagées, aux vieilles relations en commun existe, mais c'est une tendresse à soi-même plus jeune et à ses vieux rêves avortés, bref une tendresse au temps !... L'amitié, elle, est plus délicate ; elle s'accommode mal de la passion et du désir de possession qui l'accompagne. Il est facile de penser à « l'ex » avec tendresse, il devient beaucoup plus dur de lui offrir son amitié qui demande partage, écoute et désintéressement sur des sujets qui justement sont affectifs et dont on n'est plus l'objet. » A la suite de sa mésaventure avec Yves, de son illusoire amitié, Viviane conclut : « Le cycle habituel qui suit la rupture — désespoir, haine, indifférence et oubli — paraît en fait à la lumière de cette petite histoire bien plus sain et bien plus apaisant pour l'esprit ! »

Un consentement mutuel

Une histoire d'amour dénuée de la composante de l'amitié ne peut évidemment pas se transformer en amitié après une séparation : celle-ci révèle que l'intimité n'était que d'épiderme, que les amoureux se plaisaient ou s'adoraient sans se connaître, sans essayer de se comprendre, que la vie commune était dépendance ou habitude. Mais ce qui paraît déterminant pour la suite du voyage, c'est — plus que les causes de la séparation, du divorce — l'esprit qui y préside. Un homme et une femme peuvent se quitter, sur le plan amoureux, avec élégance, discrétion, respect — toutes qualités contenues, offertes par l'amitié — au lieu de s'affronter en un match violent et humiliant, au lieu de s'esquiver lâchement, au lieu de s'éclabousser d'injures et de vilenies.

L'amitié repose sur l'égalité, la parité des personnes. Si une rupture sentimentale, si un divorce sont perçus ou annoncés comme une victoire ou comme un échec, s'ils ne représentent que l'alternative d'abandonner ou d'être abandonné, ils ne peuvent en effet faire place à l'amitié qui demande des êtres libres, égaux, unis par la réciprocité. Le vieux démon du dualisme rôde toujours dans les mentalités et les comportements et il empoisonne toutes nos relations : dans la société on mange ou on est mangé, on a tort ou on a raison, on est perdant ou gagnant, coupable ou innocent, vainqueur ou vaincu, on possède l'autre ou on s'est fait posséder, etc.

Et la relation amoureuse suit ces schémas de combat ou de pouvoir, et le fait qu'en France, à l'aube du XVIIIe siècle, le mot amour soit passé de force dans le genre masculin n'a certes pas dû arranger les choses... Ainsi l'amour aura pour corollaire la haine, si je ne suis pas avec toi c'est que je suis contre toi, je te prends ou je te lâche, je te désire ou je te chasse, je t'adore ou je te déteste... on pourrait aligner bien d'autres imbécillités graves qui font, de centaines d'hommes et de femmes chaque mois, des accidentés de l'amour.

L'amitié s'élève au-dessus de ce dualisme, proposant une voie médiane, ou un troisième terme qui est le dialogue, la rencontre sans vainqueur, sans fautif et sans perdant. On ne saurait mesurer le progrès immense réalisé voici une vingtaine d'années, lorsque a été envisagée la procédure du divorce par « consentement mutuel » — une expression inattendue mais réaliste et apaisante. Le consentement mutuel est le fait de l'amitié puisqu'il maintient le respect, l'estime de soi et de l'autre, puisqu'il ne blesse aucun des deux demandeurs, et qu'il se joue à égalité. Pourquoi ne pas essayer d'étendre cette conception à toute relation amoureuse qui se termine ?

La blessure, l'oubli

« Il est difficile d'envisager une amitié qui paraît obligatoirement, pour celui des deux qui est quitté, la menue monnaie de l'amour, dit Grégoire, trente-deux ans. Moi, quand une fille me lâche, je n'attends d'elle aucune consolation ; c'est sans doute de l'orgueil, ma façon de m'en tirer. Je vais plutôt retrouver les copains, rire avec eux, essayer d'oublier. » Il est certain que le « restons amis » est volontiers prononcé par la personne qui se détache, s'éloigne, et cette proposition, perçue comme une piètre compensation, comme un dédommagement ou une aumône par l'autre, blesse à la fois son être, son rêve, son idéal, ses sentiments. Pascal, trente-neuf ans, sociologue, reconnaît avoir quitté plusieurs femmes sans chercher à les revoir : « Est-ce lâcheté de ma part, désarroi, est-ce une façon de garder intacte la relation amoureuse qui a pu exister ? Face à une femme triste, blessée, en pleurs, ou bien furieuse, excédée, revancharde, je me sens ridicule, penaud, presque insultant en proposant une amitié. Mon courage consiste à ne pas me retourner sur ce passé, et mon amitié, si amitié il y a, consiste à respecter sans rien dire, sans rien faire, la détresse de l'autre, la violence de l'autre, au lieu de colmater, de proposer des solutions de rattrapage, des aménagements. »

Pour une personne amoureuse délaissée, il est quasiment impossible à admettre — puisqu'elle ne raisonne pas — que sa passion, ses sentiments intenses puissent se transformer en relation paisible, en douceur, en compréhension et connivence. Elle ne veut ni ne peut entendre que, de même que l'amitié existe entre un homme et une femme en dehors du champ amoureux, de même l'amitié peut naître après, au-delà de la rencontre amoureuse, au-delà de la séparation.

« Il faut aussi envisager, dit Michèle Montrelay, que la rupture totale peut faire office d'économie de la souffrance. Quand la personne quittée a un désir trop grand, elle préfère ne pas revoir du tout l'autre : pourquoi se replacer constamment devant une situation où l'on va se retrouver frustré ? Parmi mes patients, je pense à une femme mûre que son mari a quittée pour une femme beaucoup plus jeune : il lui est absolument insupportable de continuer à voir cet homme qu'elle aime et qui lui cause tant de souffrances. C'est pour elle inimaginable, cela raviverait sans cesse la blessure.

« Est-on d'ailleurs maître de ce désir ? Peut-on le contourner ou le nier si facilement ? Dans certains cas, la prolongation d'une relation au-delà de la rupture peut cacher du masochisme ou ne fait qu'accumuler des désirs non avoués et qui un jour exploseront. »

Renouer, s'accrocher, conserver

Outre la séparation brutale et définitive, qui ne saurait transformer une histoire d'amour en amitié au long cours, il existe des tentatives intermédiaires, non achevées, confuses mais rassurantes : c'est l'homme qui continue d'y croire, qui tente de renouer, c'est la femme qui collectionne ses « ex », c'est la personne séparée ou divorcée qui ne sait pas couper le cordon d'avec l'ancien conjoint... Il est tellement douloureux de faire le deuil d'une passion, d'une vie à deux ! On cherche à prolonger, à répéter plutôt que de changer la relation, de créer du neuf sans renier le passé. Si les deux amants survivent à la séparation, s'ils ne tournent pas leur désarroi, leur agressivité, leur désespoir contre l'autre ou contre soi-même, si donc ils aiment leur relation plus qu'eux-mêmes, ils pourront vivre la rupture comme une occasion de perdre pour trouver, de rester fidèle sans revendication, bref d'aimer sans attachement.

Les hommes ne sont pas clairs avec leur désir ; ils se veulent, même après la fin d'une histoire amoureuse, toujours séducteurs, toujours prêts à recommencer. Une femme, me semble-t-il, peut plus aisément tourner la page amoureuse pour continuer une histoire d'amitié (ou pour fermer définitivement le livre). Les individus masculins sont-ils plus dépendants de leur désir ? S'identifient-ils davantage à leurs élans amoureux, sexuels, ou leur orgueil refuse-t-il de désarmer ? Même dans le nouveau cadre de l'amitié, beaucoup d'hommes tenteront de renouer, ou de laisser planer l'ambiguïté. Beaucoup de femmes m'ont confié que si elles dînaient, des mois après la séparation, avec un « ex », ou si elles l'invitaient chez elles, l'homme aurait terminé volontiers la soirée dans la chambre à coucher — que l'homme ait voulu ou subi la séparation. Est-ce la façon masculine d'être fidèle à soi-même, de prouver concrètement à la femme qu'il tient toujours à elle, est-ce une façon de se rassurer, de s'affirmer que la fin d'une liaison ne met pas en péril sa puissance, ne signe pas sa castration ?

Beaucoup d'hommes, de tout âge, ont l'air de subir l'amitié qui suit une histoire sentimentale ou conjugale comme un échec, une dégradation, voire une mutilation qui les rendrait inutiles, bons à rien, impuissants. Les hommes ont besoin, bien plus que les femmes, de prouver sexuellement leurs sentiments, de traduire leur tendresse en acte amoureux. Mais voilà, à force de croire qu'ils ne peuvent faire que ça, qu'ils ne servent qu'à ça, les hommes vont finir par en convaincre les femmes, qui désormais vont répartir ainsi leurs relations : les sexuelles avec les hommes, et toutes les autres, de la plus tendre à la plus drôle, de la plus intelligente à la plus complice, avec les femmes. En refusant, en méconnaissant l'amitié, l'homme va devenir — ce serait drôle — à son tour un objet sexuel...

L'équivalent féminin de ce type d'hommes a comme porte-parole Alix, directrice de marketing, une belle jeune femme aux yeux verts et à la chevelure bouclée : « Je ne sais pas rompre, je ne veux pas rompre, j'ai l'impression que je me perdrais moi-même, que ma vie partirait en lambeaux. Tous mes amants sont devenus des amis tendres, fidèles, complices. Nous ne faisons plus l'amour ensemble, mais il reste comme un charme partagé, nous nous plaisons toujours, nous apprécions la compagnie l'un de l'autre. C'est ce qu'on appelle l'amitié amoureuse, celle qui vient après, celle qui franchit l'histoire d'amour. Parfois, je me dis en riant que je rends la pareille aux hommes, que j'ai mon petit harem masculin, délicieux, sans problèmes... »

Barbara est brune et sportive, l'œil vif, les cheveux courts, le teint hâlé. Elle a un poste d'assistante de direction, avoue trente-sept ans mais paraît bien plus jeune. Elle aussi garde ses conquêtes et ses amoureux, elle dit même : « Je réussis bien mieux ces relations après que pendant... » Interrogée sur une possible ambiguïté de ces relations, elle répond : « J'aime plus la durée que l'intensité d'une relation, et les projets partagés plus que des sensations souvent éphémères. Je ne peux pas perdre de vue les personnes que j'ai aimées, on ne quitte pas quand on a aimé vraiment. Au fond, je dois être une piètre ou très banale amoureuse, mais une amie rare. » Nette, vive, précise, Barbara ne s'est pas enchevêtrée dans des liaisons qui ne savent pas finir : « Quand je sens le vent tourner entre un homme et moi, c'est-à-dire souffler moins fort, je préfère arrêter et je propose très vite l'amitié. La plupart de mes "ex" ont accepté, ils avaient l'air rassurés. C'est une façon de prévenir les blessures, les reproches réciproques qui ne manquent pas de se produire lors d'une "vraie" rupture amoureuse. Je lâche, je renonce sur le plan amoureux, je gagne sur le long terme avec l'amitié, qui fait toute la vie. »

La nuance est parfois délicate entre rester fidèle à quelqu'un qu'on a aimé et rester « accroché ». On rencontre ce genre de cas souvent dans les couples où l'un des deux tient le rôle de père ou de mère. Lors de la séparation ou du divorce, celui qui tient le rôle de l'enfant refuse d'acquérir son indépendance, il a toujours une demande d'amour, d'attention, d'affection, de soin envers l'autre, il ne veut pas être sevré. Tel est l'exemple fourni par Frank, trente-six ans, divorcé sans enfant après quelques années de vie commune. Son ex-femme s'est remariée et, comme le divorce s'était passé sans complications, comme l'estime entre eux était restée, elle avait gardé avec Frank de bonnes relations qui auraient pu être qualifiées d'amitié naissante si la demande affective de Frank, ses appels téléphoniques, ses visites régulières n'avaient pas indiqué un manque, une dépendance. Au début, ils sortaient volontiers ensemble tous les trois (le couple et l'ancien mari) puis Frank a compris qu'il vivait son histoire d'amour par procuration, que le nouveau couple était sa bouée de sauvetage, que ce qu'il ressentait pour son ex-femme n'était pas de l'amitié mais un désir insistant, infantile, d'être aimé, de ne pas être rejeté. Une psychothérapie a aidé

Frank à prendre conscience de tout cet imbroglio. Les visites, les sorties à trois se sont espacées, Frank a accepté sa solitude, qui n'est pas abandon, il a compris qu'il devait « refaire sa vie », et d'abord avec soi. L'amitié qu'il croyait vivre avec son ex-femme n'était que nostalgie de leur relation passée.

La séparation révélatrice

Jusqu'ici, il n'a pas été question des enfants lors d'une séparation, d'une dissolution du couple. Parce que la réponse à ce délicat problème, le traitement infligé aux enfants et décidé par les parents, sont directement liés à la qualité de la relation du couple. Un couple qui a fait la place à l'amitié ne réglera pas, lors d'un divorce, ses problèmes par l'intermédiaire des enfants, il ne fera pas de sa progéniture un chantage, un enjeu de pouvoirs, il ne jouera pas cruellement au partage de Salomon. Si la solution idéale n'existe pas, en revanche la question des enfants sera abordée avec équité, sérénité, et réglée sans trop de dommages. Les adultes immatures, les violents comme les dépendants, les lâches comme les dominateurs, ne peuvent que reproduire avec leurs enfants le genre de relation qu'ils ont dans leur couple. On ne met pas la charrue avant les bœufs : on ne devient parent que si on a construit un couple ; c'est à la portée de chacun d'être géniteur, d'avoir des enfants biologiques ; devenir père ou mère constitue une tout autre entreprise. Mais ceci est une autre histoire... Ce qu'il importe de rappeler ici, c'est que l'enfant ne peut ni cimenter ni sauver un couple défaillant, pas plus qu'il ne servira de consolation après un divorce. Seule l'amitié que l'homme et la femme auront su forger dans leur couple leur permettra, lors d'une séparation, de respecter aussi leurs enfants. L'amitié n'empêchera pas la souffrance, elle empêchera la vilenie, la mesquinerie, les comportements bas et déshonorants.

Un autre aspect de la séparation touche plus particulièrement les amis du couple, ceux qui étaient habitués à voir les deux personnes ensemble, ceux qui les avaient toujours connus ensemble, et aimaient le couple qu'ils formaient. Lors d'un divorce, certains amis se croient obligés de prendre parti, de se scinder en deux clans, de soutenir l'un plutôt que l'autre. Une véritable amitié ne juge pas, ne condamne pas ; elle est attentive, accueillante à l'un comme à l'autre de ceux qui, hier encore, vivaient ensemble. Au vrai, l'amitié s'adresse à une individualité ; on n'est pas « ami d'un couple » pas plus que d'un peuple entier ou du genre humain. La séparation fait toujours grande lumière sur ces affections indifférenciées, superficielles, et elle procède aussi parfois à un grand balayage. Rien à regretter : il n'y avait pas là amitié.

Pour ma part, j'ai eu le désir de garder une belle amitié avec mon ex-mari, et j'ai eu la chance de conserver des amis qui n'ont pas choisi entre lui ou moi mais sont restés fidèles à l'un comme à l'autre, indépendamment du couple qu'ils connaissaient. Aujourd'hui, une dizaine d'années après ce divorce, je compte parmi mes amis chers des hommes et des femmes que j'avais connus grâce à lui alors que j'ai été, dès l'annonce de la séparation, rejetée et niée par la belle-famille. Je ne m'en plains pas, j'aime la vérité, même toute crue : ils ne m'aimaient que dans la mesure où je faisais partie du clan, où je m'intégrais à la famille, où je me confondais avec l'identité familiale ; ils reconnaissaient la femme de leur fils, ils négligeaient la personne. Terrible sentence familiale, qui ne peut aimer que dans la mesure où elle possède et compte les siens...

Grâces soient rendues à l'amitié, qui octroie et reconnaît à l'autre l'irréductible, la magnifique liberté.

Un sentiment aristocratique

Edwige, cinquante-cinq ans, dirige un service d'infirmières dans un hôpital parisien. Elle a un visage paisible, un chignon discret, à peine de poudre sur les joues. Elle prend le temps de parler, de réfléchir, de mesurer. Elle vit seule, après avoir connu vingt ans de vie de couple sans vraie communication. Elle apprécie le travail du temps, « ce grand sculpteur », comme dit Marguerite Yourcenar, qui adoucit, peaufine, approfondit ou dépouille les relations humaines. « Certaines relations amoureuses, dit Edwige, sont devenues des amitiés précieuses ; pour d'autres, je l'aurais aimé, ce ne fut pas possible : certains hommes ont continué de rêver un amour irréel ; d'autres n'ont pas supporté l'inexplicable ou inexpliqué de la rupture, comme s'ils ne pouvaient supporter la parole face à face — elle les engageait à un niveau d'être qu'ils refusaient. »

Aude, également divorcée, antiquaire de profession, a rarement pu garder l'amitié de ses « ex » : ou c'était la herse qui tombait, ou la tentative de recommencer. « L'amitié après une rupture sentimentale, un divorce ? "Impossible !" me dit froidement mon partenaire. S'il peut y avoir trêve amicale (où je maintiens les distances) l'autre rôde, félin à l'affût de la faille... Je dirai que mes hommes ne m'ont pas fait l'honneur de rester amis. Je le regrette, même s'il y avait eu cette complicité légère dans l'air, voire ce petit trouble, dans ce commerce des retrouvailles entre amis. Quand j'apprends qu'un de mes anciens amants a une femme dans sa vie, je gomme tout, la relation est tout à fait claire, transparente, je reste très discrète. J'aimerais traduire au féminin l'expression "grand seigneur"... »

Oui. Être *fair-play*, « grand seigneur », savoir se quitter avec élégance, savoir se retrouver autrement, avec estime, joie, admiration. Il y faut un cœur généreux — au sens classique, comme l'employait Corneille : seule la grandeur d'âme, la noblesse des sentiments, la loyauté et le sens de l'honneur permettent ces changements qui ne détruisent ni ne meurtrissent mais libèrent, élèvent et donnent naissance et renaissance. L'amitié est généreuse, autrement dit elle sait prendre du recul, de la hauteur par rapport au banal, aux petits problèmes, aux revanches mesquines, aux vanités froissées. « L'amitié c'est d'abord la trêve et la grande circulation de l'esprit au-dessus des détails » écrit Saint-Exupéry. Sentiment noble, aristocratique au sens moral, qui n'est ni l'apanage ni la caractéristique d'une classe sociale, d'une élite intellectuelle, mais le fait, la raison d'être, l'honneur d'être de quelques individus qui préfèrent s'élever au-dessus de la mêlée des instincts, des pulsions, des ressentiments, et travailler à se perfectionner au lieu de se bagarrer et s'entre-déchirer.

« *Non, je n'ai pas changé...* »

La peur, et tout particulièrement la peur devant l'inconnu, la peur du changement, est à l'origine de la plupart de nos comportements. On croit se sécuriser en se fixant, on veut se rassurer en bannissant tout imprévu, tout changement possible : en fait, s'arrêter, c'est mourir ; se figer c'est pactiser avec la mort. La vie est éternellement mouvante sous son aspect éphémère, elle est mouvement, palpitation, souffle, éclosion, accroissement, dispersion, rythme... Pour beaucoup de personnes devenir équivaut à disparaître, par rapport à un temps linéaire, masculin, qui en s'écoulant ne peut mener qu'à la mort. Pour ces personnes-là, le changement, les mutations, l'évolution d'un caractère acheminent plus sûrement vers la mort dont elles semblent signer le progrès. J'ai le sentiment que la femme, par les transformations de son corps aux étapes de son existence, par son cycle mensuel, lunaire, est davantage portée au changement, à la métamorphose qui régénère, au temps qui se renouvelle. L'homme vit un temps linéaire, avec un début, une progression et une fin, aussi se projette-t-il volontiers dans l'avenir, ou regrette-t-il le passé, faute de savoir vivre le présent ou le temps rond. Les hommes ont donc davantage peur du changement comme si celui-ci menait à la mort, provoquait la fin des choses. « Ne change pas, reste comme tu es », disent-ils à la femme qu'ils aiment ; ou encore, comme excuse ou justification glorieuse, dix, vingt ans après : « Moi, je n'ai pas changé », sous-entendant le reproche bien connu : « Toi, tu as changé et là est ta faute... ».

Cela n'est pas une digression ; ces considérations sur la différence de perception du temps vont nous aider à comprendre pourquoi, lors d'une séparation, certains souhaitent terminer là l'histoire, comme pour la garder intacte, hors d'atteinte du temps, et d'autres ont au contraire envie de continuer, de transformer la relation, seule chance d'après eux de la laisser vivante. Les premiers casseront tout net une histoire d'amour qui a mal tourné, les seconds auront à cœur de la faire évoluer, de la faire accoucher d'autre chose, de garder le fil précieux des rencontres.

Luce, trente-cinq ans, secrétaire, témoigne avec conviction : « Je ne peux imaginer qu'une relation sentimentale en reste à la rupture, pour moi c'est un gâchis abominable. Pour moi, ça continue, et je suis malheureuse si je ne vois plus mes « ex » : ce sont des jalons, des repères dans le temps, cela marque aussi une fidélité à l'autre, s'il n'était pas un caprice ou une illusion. »

Garder relation et amitié avec l'autre, après séparation ou divorce, c'est aussi une fidélité à soi-même, c'est ne pas se renier, c'est garder l'estime, toute l'estime pour celui qu'on a aimé, désiré, et que maintenant — la faute à personne — on aime moins ou plus de cette façon. Se dire adieu en même temps que l'histoire sentimentale se termine, rayer l'autre de sa vie définitivement, c'est avoir honte de soi, de l'autre, du passé commun, ou c'est reconnaître implicitement que la relation a été destructrice, humiliante, ou vraiment superficielle, c'est vouloir naïvement chasser de sa vie de mauvaises images, un passé qui ne peut être gommé.

Une histoire à suivre

Je dis « naïvement », je pourrais aussi bien dire « avec présomption et outrecuidance ». En effet, agissant ainsi, éliminant ce qui nous paraît néfaste, douloureux, nous avons l'air de décider de tout, de nos choix sentimentaux ou professionnels, de nos relations, de notre descendance. Or nous ne connaissons pas, tant que nous sommes sur terre, la fin de l'histoire, de notre histoire tissée avec celle de tant d'autres — les amis, les amants, les parents, les enfants, ceux que l'on connaît et l'énorme foule des anonymes, des passants à qui, un jour, on a souri, dit un mot, tous ceux que la vie se charge, avec malice, de vous faire croiser à nouveau un jour, alors qu'on a tout réglé, nettoyé, alors qu'on a fait le bilan, qu'on se croyait tranquille dans son coin, dans une retraite qu'on s'était soigneusement aménagée — contre la peur, contre l'inconnu, contre ceux qu'on a aimés et ceux qu'on n'a pas connus. Oui, la vie se charge, avec sagesse, de mettre sur notre route ceux qu'on pensait perdus, ailleurs, ceux qu'on s'était juré de ne plus revoir, ceux qui nous ont fait si mal, trop mal, ceux qui nous ont fait perdre notre temps, pensions-nous, alors que ce temps-là aussi avait quelque chose à dire, à nous apprendre. Et avec tout cela, on voudrait rompre définitivement ! On aimerait se rassurer en disant : « plus jamais », « j'ai réglé mes comptes », « je le déteste, je le renie, qu'elle aille au diable, je la maudis, je lui en veux, je regrette tout ce qui s'est passé, si j'avais su... » Naïfs, présomptueux, ignares de la vie, analphabètes de l'âme, nous pensons arrêter là une relation qui reprendra plus tard, dans trente ans ou dans deux siècles, qui sait, qui continuera de toute façon ailleurs, autrement. La merveilleuse certitude que procurent l'amitié, le véritable amour, c'est « nous nous retrouverons toujours ». Cette splendide évidence s'adresse à des êtres humains, elle s'adresse avec autant de force aux animaux, à toute créature aimée avec authenticité et profondeur.

Nietzsche emploie l'expression « amitié stellaire » pour qualifier cette relation : « Il existe probablement une formidable trajectoire, une piste invisible, une orbite stellaire, sur laquelle nos voies et nos buts différents sont inscrits comme de petites étapes (...) Croyons donc à notre amitié stellaire, même si nous devons être sur terre des ennemis. » (*Le gai savoir*, 1882*.)

En tout amant, il y a un ami qui sommeille

Une histoire d'amour qui se prolonge en amitié révèle tout simplement qu'elle était déjà riche de cette amitié ou

---

* F. Nietzsche, Gallimard, 1950.

suffisamment vaste et profonde pour donner naissance à cet enfant-là. Permettre l'amitié, c'est faire un travail de renoncement et de libération ; c'est une occasion exceptionnelle de grandir, de mûrir, d'accéder un peu à la sagesse et à l'amour divins.

Mais sur le plan immédiat, psychologique plus que spirituel, garder l'amitié avec l'autre, naguère aimé, offre l'avantage précieux de garder aussi respect et confiance en soi. Nombre de personnes tombent en dépression, deviennent suicidaires ou perdent confiance en elles à la suite d'une rupture, ruminant « je ne suis plus aimée, je ne suis pas digne d'amour... ». L'amitié qui assure une continuité, qui renouvelle l'estime, la confiance et même la tendresse de l'amour enfui, est ici capitale pour que nul ne sombre. La personne qui rompt et fuit comme un voleur n'a pas à avoir plus haute estime d'elle-même que la personne délaissée, qui se sent misérable, indigne. Pour ma part, je me méfierais des amants dont je ne voudrais — faut-il dire après coup ? — garder l'amitié : la relation était suspecte, destructrice, honteuse et facile. Au contraire, l'amitié avec des « ex » confirme ce que j'ai pu ressentir pour eux, aimer en eux : je ne m'étais pas trompée, j'avais même bien raison de les aimer puisque, la passion évanouie, le désir rassasié, je les apprécie toujours et je me plais en leur compagnie. Et ce que je vis après avec eux est, presque toujours, bien mieux — plus drôle, plus intelligent, plus profond et plus doux que le sentiment qui fait tourner les têtes, se mêler les corps et s'entre-déchirer. Forte d'une telle expérience, une femme devient sage — non point désabusée —, elle se demande pourquoi elle devrait encore passer par l'étape intermédiaire et comme obligée avec un homme pour connaître cette joie paisible de l'amitié, pourquoi elle n'irait pas directement à l'amitié avec un homme : ça économiserait du temps et beaucoup d'énergie, ce serait plus constructif aussi car dans l'amitié avec un homme on se lie toujours « pour le meilleur », et vraiment entre homme et femme on a mieux à faire que de jouer les idiots, les pervers, les jaloux, les cruels, les indifférents, les gâteux, les chats et les souris, les infidèles, les parjures, les combattants toujours, la fraternité jamais.

Vive les ruptures

L'amitié après une séparation a l'immense mérite d'être là, alors que l'amour, enfui, rafle tout, ne laissant que le désespoir. Sans elle, le divorce apparaît échec total, la relation amoureuse absurde. L'amitié après rupture donne sens non seulement à l'histoire qui a précédé mais aussi à la souffrance que cause inévitablement la séparation. Elle peut se résumer en la phrase magnifique d'André Breton : « Ce que j'ai aimé je l'aimerai toujours. » Un homme, une femme délaissés sur le plan sentimental et qui ne peuvent de cette histoire garder une amitié seront nécessairement amenés à penser que non seulement ils ne sont plus aimés, mais qu'ils ne méritent même pas l'amitié de celui ou celle qui les quitte. Du point de vue de la personne qui rompt ou arrête la relation amoureuse, empêcher l'amitié avec l'autre dénote sa propre lâcheté, son cynisme ou sa mauvaise conscience.

Une rupture court toujours le risque de la laideur, de la vulgarité, de la mesquinerie ; elle donne lieu à des reproches, sans oublier les griefs, les cruautés et les règlements de comptes que la relation amoureuse a contenus, estompés ou compensés, et qui s'expriment dès lors avec toute leur violence, toute la rancœur accumulée. Au lieu de se laisser aller à ce penchant indélicat il serait bon, pour les deux personnes, de garder de la hauteur à défaut d'humour, de rester dignes et courtois au lieu de déployer son linge sale. Cette hauteur de vues, cette sérénité du comportement impliqués par le sentiment généreux qu'est l'amitié permettront une transformation de la relation sans que s'y mêlent esprit de revanche, remords et culpabilité, ressassement et nostalgie. Passer du couple à l'amitié, c'est entreprendre un autre voyage, une seconde découverte (ne serait-ce que s'apercevoir que l'être aimé devenu ami est beaucoup plus délicieux, attentif, proche, amusant, que lorsqu'il était votre amant...).

C'est inventer une nouvelle façon de s'aimer. Je ressens, pour ma part, que la continuité, la constance sont beaucoup plus profondes et probantes que la quotidienneté conjugale, la fidélité amoureuse. Cela demande de trouver un juste équilibre, sans aucun doute plus aisé pour celui qui s'est consolé ou qui a pris l'initiative de la séparation : quitter n'est pas renier, partir n'est pas oublier, faire le deuil ne signifie pas devenir indifférent. Cela permet de faire une découverte capitale : on peut aimer l'autre sans en être amoureux.

Le long film de Ingmar Bergman intitulé *Scènes de la vie conjugale* se termine par une merveilleuse séquence où le mari et la femme, divorcés, se retrouvent et s'offrent une escapade d'amis, de frère et sœur, aussi douce qu'une escapade amoureuse. A ce moment-là, une fois épuisés leurs griefs, libérés de leur prison amoureuse, du poids que chacun représentait pour l'autre, l'homme et la femme peuvent se connaître, se découvrir, se rencontrer enfin et s'écouter. Chacun peut faire la place, toute la place à l'autre. Ils peuvent tout se dire sans se faire mal, sans tout rapporter à soi : il n'y a plus rien à gagner sur l'autre, et rien à cacher à l'autre. Les revendications et les dépits, les reproches et les déceptions qui sont le lot obligé des amoureux ont fait place à l'échange, à la joie d'une présence, à la douceur sans accroc.

J'ai vécu, avec mon ex-mari, ce genre de fraternelle escapade. Je me souviens en particulier d'une balade en Bretagne où nous avons marché, visité des lieux, parlé longuement, évoqué des projets respectifs sans nous attarder sur le passé : c'était simple, vrai, heureux, sans regret aucun. Nous pouvions dormir dans le même lit : nous étions amis, nous étions réconciliés, apaisés. Je garde le souvenir d'une chambre d'hôtel à Audierne, donnant sur la plage, le bruit régulier des vagues au long de la nuit, et le lendemain matin une promenade sur le sable plein de soleil : images infiniment présentes et douces, non point souvenirs d'amoureux. Quelque chose comme un pacte scellé, mais d'une nature autre que celui du mariage. Temps plein, sans attente, sans demande particulière, sans déception non plus.

L'amitié, préceptrice de l'amour

Quand on vit ce type d'expérience, on se demande, avec lucidité et ironie, pourquoi aller se fourvoyer dans une histoire d'amour alors que l'amitié offre tant de cadeaux et de paix ? Mais je crois qu'on n'a pas le choix : la relation amoureuse est une étape qui aide à se confronter à l'autre et à la réalité et qui permet de mûrir si on l'approfondit. La relation amoureuse ne peut grandir, évoluer et durer que si elle ne se réduit pas au sentimental et au sexuel mais, grâce à l'amitié, s'achemine vers l'amour. Cela équivaut à une conversion essentielle, un retournement de l'égoïsme en altruisme, en ouverture à l'autre : c'est passer du « je » au « tu » après avoir dit « nous » ; c'est aimer l'autre, enfin, et comprendre que jusqu'alors l'amour signifiait implicitement désir d'être aimé, fêté, adoré, attendu...

Certaines personnes, plus sages que les autres, ont renoncé à des histoires amoureuses qui « ne concernent que le petit moi, au lieu de toucher l'être », comme le déclare Anne, qui pratique yoga et méditation depuis quatorze ans. Des histoires sentimentales qui, contrairement à ce qu'on continue de colporter, ne mènent pas à aimer mais sont le plus souvent une entrave au véritable amour. La tendresse, la joie charnelle ne résument pas tout l'amour, mais cela est impossible à entendre pour les amoureux qui ne vivent que de cela, qui s'aiment ainsi. L'amitié, loin de lui nuire, coopère à l'amour, mais au passage elle élague, affine, approfondit la relation amoureuse et la simplifie. Elle enseigne, avec son visage austère, que « l'amour est difficile. L'amour d'un être humain pour un autre, c'est peut-être l'épreuve la plus difficile pour chacun de nous, c'est le plus haut témoignage de nous-même ; l'œuvre suprême dont toutes les autres ne sont que les préparations... », ainsi que l'écrivait R.M. Rilke* dans une lettre datée du 14 mai 1904. Pour mener à l'amour, l'amitié paraît imposer une ascèse à la relation amoureuse, qui peut en prendre ombrage, se révolter, ou cesser tout à fait. Dans une relation amoureuse on attend des gratifications, on reçoit des satisfactions, on cherche l'autre ou on se cherche en l'autre ; dans l'amitié on s'élève, et dans l'amour on donne. Il y faut du temps, de la patience, du courage, et du renoncement.

« J'ai beaucoup d'amies, dit Joris, trente-sept ans, ostéopathe, mais je suis rarement amoureux. Et mes relations sentimentales, quand elles se terminent, se poursuivent toujours en amitiés. Mon expérience me fait dire qu'on se connaît mieux dans l'amitié que dans l'étreinte. »

---

* Rainer Maria Rilke, *Lettres à un jeune poète*, Éd. Grasset, 1937.

Une confusion fréquente, entretenue par l'expression « connaître au sens biblique », nous fait croire que faire l'amour avec quelqu'un permet de le connaître entièrement, que la nudité des corps correspond à une dénudation des âmes, que le mystère d'un être se révèle dans l'intimité charnelle. Une complicité charnelle peut faire croire qu'on sait tout de l'autre et que l'autre vous connaît parfaitement, mais la réalité quotidienne y apporte son démenti, les couples qui s'adoraient se séparent, et leur entente érotique ne suffit pas à les maintenir ensemble.

En partageant l'intimité du corps, en s'unissant à l'autre, on croit avoir accès au mystère de l'autre. En fait, l'intimité sexuelle est à l'être ce que le secret est au mystère : le premier peut être dévoilé, le second reste entier, inaliénable, étoffe même de l'être, de Dieu, de la Vie. L'étreinte amoureuse est une des formes dont le mystère se revêt.

Deux moitiés ou deux solitudes

Vient un temps où l'on préfère reconnaître et respecter le mystère plutôt que de dénouer des secrets. Vient un temps où la relation symbiotique fait place à une relation libératrice, où les deux moitiés de l'androgyne (« ni vous sans moi ni moi sans vous ») sont deux solitudes qui fraternisent.

Le Zohar, *Livre de la Splendeur*, un des piliers de la Kabbale, raconte ainsi la création de l'homme et de la femme : « Avant, la femme était juxtaposée à l'homme, tous deux étaient côte à côte. Le Saint, béni soit-Il, les déracina et les transplanta dans un autre lieu, tels qu'ils se retrouvent face à face pour exister. »

Passer de « côte à côte » à « face à face », tel est le

douloureux défi que lance l'amitié à la relation « siamoise », un déchirement, une distance où l'homme et la femme sont différents, distincts, étrangers plus qu'éloignés. L'amour fusionnel, qui est souvent le seul que connaissent les couples, est plus gratifiant, plus rassurant. Il dit : Tu existes par rapport à moi, et j'existe en relation avec toi, et c'est merveilleux !

L'amitié libératrice souffle de son côté : Tu existes indépendamment de moi et j'existe en dehors de toi, c'est cela qui est merveilleux ! Je n'ai pas peur de te perdre, tu ne redoutes pas que je m'échappe, car nous nous voyons, nous nous aimons en toute gratuité. Outre l'estime et le respect, la courtoisie et l'élégance, la lucidité, la générosité, la tolérance, outre le goût de construire ensemble, voici ce que, profondément, l'amitié enseigne à l'homme et à la femme qui s'aiment ou vivent ensemble : elle accroît d'autant plus leur lien qu'elle accomplit leurs solitudes respectives. Elle les libère et les engage tout à la fois. Elle leur fait faire du chemin, chacun de son côté et tous les deux ensemble. On peut appeler cela du beau mot de fraternité.

Il me paraît que vivre la fraternité dans un couple, dans une histoire d'amour, est très rare, très fort aussi. Cela implique de soutenir, d'écouter l'autre, de respecter sa liberté, sans pour autant atténuer le désir, l'émerveillement et la tendresse. « A toute époque, écrit Lou Andréas-Salomé, il m'a semblé qu'un frère se cachait en chacun des hommes que je rencontrais... » Mais, pour réaliser dans un couple une relation fraternelle, il faut être allé, chacun, très loin dans l'amour, il faut être passé par le fin tamis de l'amitié. C'est une alchimie véritable, et qui représente sans nul doute l'œuvre de toute une vie.

7

LEURRES ET FANTÔMES

> Que sont mi ami devenu
> Que j'avoie si près tenu
> Et tant amé ?
>
> RUTEBEUF (XIIIᵉ s.)

Autant l'amitié véritable est rare, autant le terme d'ami, au sens vague et large, est souvent utilisé, mais peut-être moins galvaudé que le mot « amour ». Les amis sont certainement valorisants, avoir beaucoup d'amis sous-entend que soi-même on est intéressant, généreux ; être ami avec quelqu'un conduit déjà à l'utilité, au passe-droit, au piston. On confond un peu tout, les relations (sociales, professionnelles, mondaines), les voisins, les personnes de rencontre, les camarades d'un jour ou d'une cause, les copains, les courtisans, les gens sympathiques, les individus aimables, les boute-en-train, les relations, les associés, les collègues...

Je ne crois pas que l'on devienne ami parce que chacun reçoit l'autre chez soi ; ce qui est une porte ouverte à l'intimité partagée peut aussi bien être vécu comme une soirée brillante, charmante mais superficielle. Cela dépend du niveau et de l'envie d'implication personnelle, si chacun veut ou non livrer de soi, rencontrer l'autre en vérité et en profondeur, ou bien se contenter de l'agrément d'une rencontre, d'une conversation, de rires et de distraction.

Dans un monde angoissé, dominé par l'efficacité et le gain de temps, par la peur du déclin et de la mort, il paraît naturel d'observer des comportements qui vont dans le sens du carriérisme, de l'utilisation des relations humaines, en même temps que des attitudes « soft », visant à camoufler ou à atténuer la dureté de l'existence, le vide du cœur et de la vie sociale. D'un côté prolifèrent les « amitiés » utiles, intéressées, celles qui visent ou consolident un pouvoir financier, une ambition politique, une réussite professionnelle ; de l'autre, une vague convivialité, une solidarité militante, une amabilité commerciale ou des associations, des mouvements charitables et humanitaires diluent l'amitié dans le groupe et servent souvent de refuge à des individus isolés. Les gens « s'entendent bien », ils luttent pour les mêmes buts ou partagent des activités, des vacances, des études. Mais là n'est pas l'amitié.

Et tout d'abord parce que l'amitié s'adresse à l'individu et ne peut s'appliquer à une entité, à un groupe anonyme, à un parti, etc. L'amitié se fonde sur la personne, elle élit, distingue une personne parmi la foule ou tous les autres. Ce qui n'exclut pas que l'on puisse avoir de la bienveillance, de la sympathie, un regard amical pour d'autres hommes, d'autres créatures, pour cette Terre. L'amitié ne pratique pas l'amalgame : loin de ressembler à une bande de copains, à une équipe de footballeurs, à des syndicalistes et des militants d'un parti politique, elle s'intéresse à une individualité. Elle n'est pas une accumulation ni un regroupement de gens sympathiques, elle est farouchement individualiste, non au sens égoïste mais au sens philosophique du terme.

Les courtisans, les dépendants

« J'ai peu d'amis, reconnaît Benjamin, quarante et un ans, qui s'occupe de relations publiques dans une grande entreprise. Ceux qu'on appelle facilement des amis sont souvent un faire-valoir, un miroir flatteur, une cour mythique qu'on se constitue, et je sais par ma profession de quoi je parle. Cela inspire de la méfiance, de la prudence : il y a tellement d'hypocrisie dans le monde du travail, on veut à tout prix faire du business souriant... Sous couvert d'amitié, des gens quêtent des éloges, se rassurent, ils veulent qu'on les aime. Et puis, au nom de l'amitié comme au nom de la liberté, on se permet beaucoup de choses immorales, frauduleuses, basses. »

L'amitié est incompatible avec la flatterie, la servilité, la dissimulation. A se montrer égoïste, intéressée, elle disparaît aussitôt. Le proverbe qui énonce « c'est dans le besoin qu'on connaît ses amis » signifie non que, dans une épreuve, dans le malheur, les vrais amis sont présents, mais que l'amitié se fonde en dehors de tout rapport d'argent, de célébrité, d'utilité. Autant dire que les personnes connues, les stars, les gens haut placés peuvent à juste titre se méfier d'un afflux d'amis pendant leurs heures de gloire et craindre l'isolement et l'indifférence quand ils seront passés de mode.

L'exigence peut aller, en amitié, jusqu'à l'intransigeance, la soif de vérité. C'est Molière, par la voix d'Alceste, qui le clame :

« Non, vous dis-je, ne devrait-on châtier sans pitié
Ce commerce honteux de semblants d'amitié ?
Je veux que l'on soit hommes et qu'en toute rencontre
Le fond de notre cœur dans nos discours se montre,
Que ce soit lui qui parle, et que nos sentiments
Ne se masquent jamais sous de vains compliments. »

Cicéron, déjà, insistait sur la différence énorme qui sépare l'amitié des services rendus. Il écrit : « L'amitié n'est pas née parce qu'elle devait être utile, l'utilité est venue après, parce qu'il y avait amitié. »

L'amitié ne saurait être liée à l'habitude ni à l'obligation. On ne peut faire de nécessité amitié : on peut passer un moment agréable ensemble, dans un train ou dans une salle d'attente, on peut échanger des propos et de menus services entre voisins, entre parents pour garder les enfants tour à tour, on peut sympathiser avec des compagnons de voyage, mais pour que naisse l'amitié il faut quelque chose de plus, quelque chose qui franchit le masque ou le rôle social, la politesse, et s'adresse à la vérité de la personne, à sa qualité, à sa profondeur.

L'amitié apporte dynamisme, évolution, contrairement à des relations de rencontre ou de bon voisinage qui restent sous le signe de la répétition, du conformisme. Je ne crois pas à une amitié qui sécurise, qui ressasse des souvenirs, qui fige des individus. L'amitié bouscule, bouleverse, fait avancer, elle est toujours en chemin, elle appelle toujours à prendre le large, à oser, à s'aventurer plus loin. Elle est sous le signe du nouveau, elle n'a que faire de réunions d'anciens élèves, d'anciens combattants, de vieux copains de régiment, d'anciens voisins de palier.

Pour ma part, j'ai doucement laissé s'éteindre des relations amicales qui auraient pu devenir amitiés si elles ne s'étaient vécues comme habitudes rassurantes, confidences et plaintes à sens unique. Une relation qui stagne et ressasse ne peut construire, pas plus qu'une relation égoïste ne permet un échange réciproque. Quelqu'un qui ne considère l'autre que comme une bouée de sauvetage ou une paire d'oreilles, ou qui, grâce à l'autre, se maintient dans le passé et la sécurité, n'est pas à la hauteur de l'amitié. Pour que naisse l'amitié, il faut déjà sortir de son petit moi, estimer que l'autre est aussi intéressant, digne d'écoute, que soi.

L'amitié médecine

Ils sont nombreux, les pâles substituts de l'amitié, ils tentent vainement de donner le change en apportant aide et assistance, en jouant le rôle de confesseur, de remède ; en fait ils créent eux-mêmes une dépendance au lieu, comme l'amitié le requiert, de libérer l'autre et d'exiger de lui quelque responsabilité ou prise de conscience. SOS amitié, SOS solitude, la Porte ouverte... c'est une aide, une écoute, mais l'amitié n'y entre point en jeu puisqu'il s'agit d'un long monologue, puisque la réciprocité et l'égalité ne sont même pas envisagés.

Les psychanalystes et psychothérapeutes sont les grands bénéficiaires moins de la solitude et de la détresse humaines que de l'incapacité de l'individu actuel à lier amitié, à oser des rencontres. Ils gèrent l'impuissance affective de leurs patients en acceptant d'avance l'inévitable transfert.

Un ami psychiatre, qui a affaire à des gens en dépression, suicidaires, m'a dit sans ambages un jour : « L'amitié, c'est la meilleure thérapie que je connaisse ! Pour sortir de la dépression, rien de tel que l'aide, la tendresse et le dynamisme des amis. Le médicament, la séance avec un analyste sont des spectres ou des avortons de l'amitié, ils ne la remplacent pas. »

Si les histoires d'amour se terminent assez souvent en pleurs, dépression, crises d'identité et visites chez le médecin ou le psy, en revanche l'amitié est assurée de ne point tomber dans ce gouffre. L'amitié est un remède efficace, même une panacée, dans la mesure où elle ne maintient pas l'autre dans son état de souffrance, ne l'y enferme pas en le plaignant, mais où elle s'intéresse à l'évolution de l'autre, à sa capacité de renaissance et de transformation. Elle permet les passages et les métamorphoses, elle y concourt : c'est sa façon de soigner.

« Quand j'ai connu des déceptions amoureuses, seule la chaleur de l'amitié a pu m'aider à remonter le courant », dit Olga. Et Maud reconnaît : « A défaut d'avoir pu vivre une passion amoureuse harmonieuse, de chaleureuses amitiés m'ont accompagnée, réchauffé le cœur, et ce sont des femmes qui m'ont offert le meilleur. »

Toutefois l'amitié ne se contente pas d'être un refuge pour les naufragés de l'amour et elle ne sert pas de substitut à la relation amoureuse. Elle n'a pas pour sens de compenser ou d'enterrer l'histoire d'amour, elle accompagne, présente et disponible, elle demeure en dépit des tourbillons de la vie et des remous du cœur.

Trahisons et tragédies

De même qu'il y a des gueules cassées de l'amour, on rencontre, mais bien moins nombreux, des déçus de l'amitié. A mon avis, ce sont plus souvent des mal-aimants que des mal-aimés : ils rejettent ou critiquent l'amitié dont ils attendaient des plaisirs, du réconfort, des gratifications personnelles, sans de leur côté avoir pensé à la nourrir, à la faire évoluer. De fait, les personnes qui sont revenues de l'amitié ont projeté sur cette relation les mêmes images narcissiques, égoïstes, possessives, qu'elles vivaient dans la relation amoureuse. Avoir l'autre pour soi, tout à soi : le vieux rêve qui, quoique tyrannique, peut souvent se réaliser dans une passion amoureuse n'a aucune chance dans l'amitié. C'est en ce sens que l'amitié est éducatrice, qu'elle permet de libérer une personne de ses attachements sécurisants, égoïstes, infantiles. Elle peut être vécue comme frustrante pour certains, puisqu'elle agit comme un sevrage au besoin infantile d'être aimé sans réserve, cajolé, consolé, adoré.

A soixante-quatorze ans, Andrée se rappelle deux amitiés pudiques et mélancoliques, happées par la vie ou par un autre amour : « Malgré le temps passé, je revis une première amitié d'écolière, faite d'admiration. Elle était très jolie, Marie-Louise, elle avait de grands yeux moqueurs, sûrs de leur pouvoir, une chevelure abondante, magnifique, d'un noir profond. J'étais jalouse de ses autres amies, je voulais être sa chouchoute. La distribution des prix a mis fin à cette période insouciante : il fallait, après le certificat d'études, vite gagner son pain et affronter le monde du travail. C'est là que j'ai rencontré ma seconde amitié, qui ne ressemblait nullement à la précédente : Madeleine avait le charme de la douceur, un calme, presque une nostalgie, que j'appréciais beaucoup. Un silence profond disait notre mutuelle sympathie et éloignait les perruches et les séducteurs en herbe alentour. Puis elle a disparu, sans adieu, et j'ai appris par d'autres qu'un amoureux dont elle ne m'avait pas parlé me l'avait enlevée. De plus elle attendait un enfant. J'ai été exagérément déçue, ayant imaginé Madeleine aussi naïve que moi. Nous ne nous faisions pas de confidences, mais là je me suis sentie trahie. »

Adélaïde, trente-neuf ans, chargée du recrutement du personnel dans une société, a vécu en amitié quelques échecs cuisants. En l'écoutant, on pourrait se dire que certaines personnes peuvent devenir malades d'amitié comme on souffre du mal d'amour : « En amitié comme dans une relation amoureuse, je fonce, j'y crois entièrement, je plonge, et j'attends aussi de l'autre le même enthousiasme, le même engagement. J'ai connu ainsi quelques beaux déboires et je me suis retrouvée toute seule avec mon chagrin après avoir vécu une amitié passionnée. Je pense surtout à une amitié avec une femme, sensiblement de mon âge : on se voyait souvent, on se téléphonait tous les deux jours, on partageait les moindres recoins de notre âme.

C'était comme ma sœur, mon double. Ce partage total, cette amitié exclusive sont devenus invivables, nous finissions par nous espionner, nous soupçonner l'une l'autre. Un jour, à propos d'une cachotterie, la rupture a éclaté avec violence. Depuis cette affreuse scène, nous ne nous sommes jamais revues. »

Adélaïde ne paraît pas consciente du caractère passionnel, possessif, qu'elle projette sur l'amitié sous couvert de don, d'ouverture et de partage total. Elle attend tout de l'autre, qu'il s'agisse de relation amicale ou amoureuse, c'est-à-dire qu'elle exige tout, et ne pardonne rien. L'amitié telle qu'elle la vit est encore une prison, une fidèle copie de la passion exclusive, elle ne peut admettre la liberté, l'autonomie de l'autre.

Je suis obligée de noter que ce genre d'amitiés passionnelles et possessives est presque toujours le fait de femmes : reportent-elles sur l'amitié un élan amoureux déçu ? Recherchent-elles, vouent-elles à une amie la même flamme, la même intensité, la même violence qu'elles n'ont pu vivre dans un amour ? Ces femmes veulent faire de l'amitié une passion au lieu de lui reconnaître sa singularité, sa valeur propre. Comme l'écrivait Chamfort : « Les femmes ne donnent à l'amitié que ce qu'elles empruntent à l'amour. »

Une amicale furie

Pour ma part, j'ai failli être victime, si je puis dire, de ce genre d'amitié possessive, passionnelle, pendant près de cinq ans, mais les autres amitiés que je vivais ont servi de révélateur et de contrepoison. Ce que j'ai remarqué assez rapidement, c'est que cette femme tenait à « faire couple » avec moi : nous nous voyions chez elle ou chez moi, le plus souvent seule à seule ; je pensais que c'était pour parler plus calmement et profondément d'art, de recherche spirituelle, etc. Comme elle vivait seule, assez renfermée, et avait un travail irrégulier, je lui présentais naïvement chaque fois que je le pouvais des amis, des hommes, des relations professionnelles. Ces rencontres ne servaient à rien, elle avait jeté son dévolu sur moi, mais en était-elle elle-même consciente ? Peu à peu, on finissait par ne jamais inviter l'une sans l'autre, exactement comme un couple. Cela me déplaisait, et puis je voyais bien qu'elle ne supportait pas les hommes que je connaissais, avec qui je sortais (sans elle), qu'elle critiquait systématiquement. Elle enrageait de constater que je vivais d'autres belles et joyeuses relations, que je n'étais pas sous sa coupe. Non, elle n'était pas mon « unique amie » comme elle le désirait. J'étais trop nomade, trop éprise de liberté et de nouveaux visages pour être tenue prisonnière. C'est alors qu'elle est devenue de plus en plus sévère, aigrie, méchante à mon égard. Je ne valais plus rien parce que je lui échappais. Je m'encanaillais avec d'autres au lieu de cultiver notre pure et haute amitié. L'humour, le rire ont toujours été pour moi une sauvegarde et un signe sûr : s'ils sont absents d'une relation, attention ! il faut être prudent, c'est qu'il est fait barrage à la vie, à l'amour de vivre qui fonde les plus belles amitiés. Elle jugeait, l'air pincé, elle grognait, elle ne rigolait pas du tout. Elle était malade d'envie et de jalousie à mon égard. Après un dîner en tête à tête, où elle s'était montrée très rigide, elle m'a envoyé une lettre de rupture : elle poursuivrait son ascension spirituelle en solitaire, me laissant me vautrer dans la boue quotidienne des amitiés rieuses, des rencontres agréables, de tous les autres qui osaient la remplacer dans mon cœur.

Je ne m'attendais pas à tant de mépris, de haine, de violence. J'ai très vite déchiré et jeté cette lettre... et j'ai continué de croire à la vraie amitié. Aujourd'hui, des années après, je me dis qu'elle devait être malade d'amitié, vécue par elle comme une passion inavouable, et que j'avais servi de doublure à un homme absent ou rêvé.

L'amitié, jusqu'où ?

L'amitié accompagne tous les âges de la vie, mais, selon les individus, la vieillesse sera empreinte de sérénité ou dressera de tristes bilans. Ce que fait Hubert, quatre-vingts ans, classant les dossiers du sentiment : « Je veux rire de l'amitié qui partagerait les derniers cent grammes de pain, et de l'amour qui durerait toujours, même dans l'adversité, surtout dans l'adversité, et malgré les misères physiques ou psychiques : un idéal... menteur comme tout idéal ! »

L'amitié ne fait pas la charité, elle ne se confond pas avec le dévouement, elle se définit d'abord par sa vigilance, par son goût de la sincérité. Elle ne résiste pas au mensonge, à la trahison de confiance, ni à la médiocrité morale. Ingmar Bergman* a écrit quelques très belles pages sur l'amitié dans son autobiographie, *Laterna Magica*, et en particulier ceci : « L'amitié n'exige absolument rien sauf la franchise. C'est son unique exigence, mais elle est dure. »

J'ai en mémoire deux-trois amitiés naissantes ou déjà confirmées qui ont été brisées par des mensonges éhontés, par des prises de position éthiquement insoutenables ou par des comportements manipulateurs : au nom de l'amitié, on utilise votre nom, votre temps et vos compétences, et bien sûr il n'est pas question de vous rémunérer

---

* Ingmar Bergman, Gallimard, 1987.

puisque cela se passe « entre amis ». Au nom de l'amitié, il conviendrait de tout excuser, de tout pardonner ou de tout approuver. J'ai relâché mes liens amicaux avec des personnes qui, à mes yeux, s'étaient montrées viles, lâches, qui étaient des profiteurs cyniques de la société et des autres. J'ai été aussi très refroidie dans mon amitié avec un homme, de compagnie charmante, quand j'ai appris qu'il s'était conduit comme un mufle avec une de mes amies. L'amitié, aux dires de Cicéron, « ne permet pas que les cœurs s'affaiblissent ou se dérobent », elle est une voie d'austérité qui ne rejette pas les joies et les agréments de l'existence mais refuse ceux qui conduisent au mépris de soi ou au laisser-aller.

L'amitié peut-elle et doit-elle tout pardonner ? Au nom de la tolérance, de l'acceptation de la différence, est-il envisageable de conserver son amitié pour quelqu'un qui a commis un crime, une malversation, pour un individu qui fait du trafic de drogue ou qui tient des propos fascistes ?

Si l'amitié pose des repères par rapport au Juste, au Bien, elle disparaît lorsque ces valeurs sont bafouées. Elle ne peut pactiser avec ce qui nuit à l'humain et au vivant. Pour la Justice comme en amitié il y a des causes indéfendables, des comportements inadmissibles parce qu'ils portent atteinte à la vie, parce qu'ils dégradent l'homme. Une âme charitable pourra plaindre le tueur, le violeur, voire prier pour lui, mais éthiquement l'amitié est impossible. Ce sont ses limites, c'est sa grandeur aussi.

Se détourner d'amis qui ont commis une faute grave n'est pas une lâcheté : c'est rappeler, à la façon d'Antigone, qu'il existe des lois supérieures aux décrets et aux sentiments humains. De même, il est sain de mettre fin à une histoire amoureuse destructrice ou perverse et, d'une manière générale, de refuser ou cesser toute relation qui conduirait à faire le mal, à avilir ou à s'avilir soi-même.

Ceux que l'on garde pour amis ne sont pas des êtres parfaits mais des personnes qui ont en elles le sens du Beau, du Vrai, du Bien et s'y réfèrent. Cette amitié-là est seule capable de transformation réciproque et d'émerveillement.

L'amitié-paratonnerre

L'amitié comporte aussi une face cachée : désir inavoué, passion rentrée, refoulement ou peur de la sexualité, dérivation de l'amour. Elle peut faire office d'abri pour les éclopés de l'amour mais aussi pour tous les frileux, les peureux qui n'osent vivre leurs émotions, leurs élans, leurs sentiments. « On se préserve de nos jours, dit Sébastien, trente-cinq ans, parce que l'amour déstabilise, parce qu'on ne le contrôle pas. L'amitié s'adresse à l'intelligence et au cœur, la passion vient du ventre, des « tripes », comme on dit. L'amitié peut de nos jours passer pour un subterfuge de la passion. »

J'ai recueilli plusieurs témoignages allant dans le même sens : l'amitié peut être un pis-aller, une sorte de rattrapage lorsqu'on a échoué à l'examen de l'amour et qu'on ne veut pas tout perdre. Par exemple, un homme désire avoir une relation amoureuse avec une femme, qui ne voit en lui qu'un ami. Le plus fréquemment, l'homme, déçu, s'éloigne. Mais d'autres préfèrent garder une relation, dans l'espoir secret qu'elle aboutira selon leur désir. D'autres enfin, les moins nombreux, acceptent lucidement la situation et s'embarquent avec cette femme dans une jolie histoire d'amitié, sans frustration et sans arrière-pensée.

Les amitiés incertaines, décalées, faussées, existent surtout entre homme et femme dont les désirs sont différents ou dont les situations n'offrent pas la même disponibilité.

Diane, vingt-six ans, raconte : « Quand j'ai rencontré Pierre, j'ai senti quelque chose de très fort, un appel irrésistible vers lui, et pas seulement physique. Un amour sans restriction et sans retour. Mais lui ne montrait pas le même trouble, le même élan, ou bien il le cachait, à moins qu'il n'ait alors eu une relation amoureuse. Nous nous sommes vus plusieurs fois, je me retenais pour ne pas lui dire des mots d'amour, pour éviter des gestes trop tendres. J'ai vite réalisé qu'il m'aimait bien, qu'il appréciait ma compagnie, mais qu'il n'envisageait nullement autre chose. J'ai beaucoup souffert de cette impossibilité inexplicable, et peu à peu j'ai renoncé à le voir. Vivre une amitié avec lui m'aurait été insupportable, j'ai tellement rêvé d'une autre histoire. Peut-être, dans plusieurs années, je pourrai le revoir, cela me fera moins mal... Lui ne soupçonne rien puisque je suis restée discrète et que lui-même n'éprouvait pas le même désir, le même élan. »

Malika, trente et un ans, considère l'amitié comme une sauvegarde, un paratonnerre qui détourne la passion et le sentiment amoureux. Elle se l'est expliqué récemment : « Je me suis aperçue, en recopiant mon carnet d'adresses, que j'avais beaucoup plus d'amis que d'amies, mais surtout que ces hommes n'avaient aucune possibilité d'entamer avec moi une histoire amoureuse. En repensant à tel ou tel, j'ai analysé mon comportement : aux hommes que je rencontre, même s'ils me plaisent, je ne laisse d'autre choix que l'amitié. Je coupe tout jeu de séduction, je détourne immédiatement ce qui ressemble à un flirt, à du désir, ou j'évince l'homme purement et simplement. En fait j'ai compris que j'avais peur d'être plaquée en cas de relation amoureuse : cela doit venir de l'enfance, car ma mère n'a pu m'élever et m'a en quelque sorte abandonnée à d'autres. Craignant d'être abandonnée par un homme dont je serais amoureuse, je préfère d'avance m'abstenir pour éviter de souffrir à nouveau. »

Il existe aussi des amitiés qui sont des récupérations de relations amoureuses guère convaincantes. Parce que les sentiments sont peu intenses, parce que les corps ne s'entendent pas si bien qu'on l'avait imaginé, parce que finalement les deux personnes sont plus à l'aise et plus libres dans l'amitié... « C'est la curiosité plus que l'amour, dit Sandrine, qui m'a poussée dans le lit de Brian. Une façon de mieux le connaître, ou de le démasquer. Comme cette rencontre intime ne m'a pas laissé un souvenir impérissable, je n'ai pas recommencé, et j'ai même employé mille ruses pour que nous puissions nous voir sans être obligés de coucher à nouveau ensemble. Brian a compris, il est allé voir ailleurs, mais nous sommes restés amis. »

L'amitié, pour certains, serait en fait de l'amour recyclé — comme on dit du papier. Pas de gâchis, pas de perte, faire du neuf avec de l'usagé...

« *Perturbation, ma sœur* »

L'amitié amoureuse demeure troublante : il suffit de presque rien pour que tout bascule, pour que l'homme et la femme deviennent amants, pour que les confidences échangées ou le travail en collaboration deviennent prélude à l'amour. Damien raconte : « Nous nous connaissions depuis trois ans, Sarah et moi, nous nous rencontrions dans un contexte professionnel, et à plusieurs reprises nous avions déjeuné ou dîné ensemble. Je la trouvais belle et attirante, mais je n'imaginais rien entre nous. Du reste, je vivais alors une histoire d'amour qui m'occupait entièrement. Sarah était à la fois gaie, franche, vive, ce qui entraînait à l'amitié, mais aussi mystérieuse, grave parfois. Nous sommes donc devenus amis, nous avions plaisir à nous voir, nous parlions de tout sauf de notre vie privée. Entre-temps, mon histoire d'amour s'est effondrée, et je reconnais que mon amitié avec Sarah m'a aidé à remonter la pente. Un soir, je ne sais quel petit vent de folie a soufflé, mais, avant de nous séparer, les baisers sur la joue se sont transformés en baisers d'amoureux. C'était absolument imprévisible, mais aucun de nous deux n'a résisté. C'était très doux. Cet enchantement d'un soir n'a ni terni ni rompu notre amitié qui a continué, mais il demeure une interrogation dont nous n'avons jamais parlé : que s'est-il passé ce soir-là ? était-ce un coup de lune ou de destin ? Nous n'avons jamais évoqué ce moment, c'est comme un secret que nous gardons l'un et l'autre. »

L'amitié garde-fou

Alors, joue-t-on la carte de l'amitié, de la tendresse, parce qu'on est revenu de la passion flamboyante, du sentiment amoureux ? parce qu'on n'ose se livrer à la grande folie de l'amour, à l'érotisme glorieux ? ou parce qu'on cherche autre chose, loin des conquêtes et combats amoureux, quelque chose qui aurait goût de paix et de réconciliation ?

Dans une époque désorientée, angoissée, qui craint les excès et les ardeurs, l'amitié arrive à point nommé pour filtrer ou modérer les dangers et les folies de la passion amoureuse, en tenant lieu de garde-fou, en négociant un compromis avec le désir. Mesurée, calme, réconfortante, assurée et durable, l'amitié pourrait, si elle n'était que cela, s'intégrer parfaitement dans le paysage ambiant où la frilosité, la tiédeur dominent, où les grands sentiments et les fortes pensées sont amortis, capitonnés. Mais l'amitié ne se définit pas par opposition avec la passion ou avec le plaisir des corps, elle n'est pas rivale de l'amour, elle existe à part entière.

Dans un même ordre d'idées, les sociologues disent que les maladies et méchants virus liés à la sexualité ont eu, depuis ces dernières années, une influence certaine sur la fidélité des couples et ont aussi donné le jour à des comportements prudents et peureux, qualifiés de nouvelle chasteté, avec débauche par minitel et fuite dans le fantasme. Or la fidélité en amour, comme la chasteté, ne s'expliquent pas que par la peur, ils correspondent aussi à un engagement personnel, à une éthique de vie, à une exigence. La recherche de l'amitié par nos contemporains, par les adolescents en particulier, proposerait un réajustement des valeurs, une constatation que les biens et échanges matériels ne suffisent pas à faire vivre, à donner un sens à la vie. Ils y cherchent un « supplément d'âme » dont ils ont fait l'économie dans leurs relations amoureuses faciles. L'amitié apparaît alors non point restriction ni réaction à la « libération des mœurs » qui a précédé, mais facteur de croissance, d'épanouissement personnel et social. Le goût de l'amitié, très présent à l'heure actuelle, marque la défaite non du sentiment amoureux, de la liberté sexuelle, mais de l'utilitarisme et de l'efficacité : l'amitié comporte non une utilité mais un sens.

Le jardinier du cœur

Le témoignage d'une femme, Peggy, force cependant à réfléchir sur la qualité d'énergie à l'œuvre dans l'amitié et dans l'amour. A cinquante-deux ans, Peggy vit un grand amour. Débordante de vitalité, elle semble puiser dans son couple une énergie toujours renouvelée. « Entre un homme et une femme, l'amitié est une trahison de l'eros, elle ne possède pas cette force de création et d'expansion qui émane d'un couple d'amants », s'écrie-t-elle avec flamme et presque véhémence.

L'amitié se conduit différemment, et c'est la mythologie de l'hindouisme qui me fournira des termes de comparaison pour mieux qualifier son énergie, son rôle pour ainsi dire cosmique. Pour les hindouistes, la Divinité est représentée sous trois aspects inséparables, la Trimûrti : Brahma qui crée, Vishnu qui maintient, Shiva qui détruit pour que la création recommence. Là où l'amour s'apparente à une cosmogonie, là où les passions mènent à la dissolution, l'amitié, tel Vishnu, conserve, protège la création. Vishnu ne crée pas le monde mais il en assure la sauvegarde ; il veille à le maintenir et à le faire évoluer, c'est Shiva qui le détruit pour permettre une re-création.

Si l'amour met au monde, et si les amants refont le monde véritablement, en recréant la figure de l'androgyne primordial, du couple originel ou de l'œuf cosmique, l'amitié a un rôle sans doute moins éclatant ou excitant mais tout aussi essentiel, celui de gardien de la création, autrement dit de jardinier. L'amitié est ce jardinier qui cultive, taille, désherbe, arrose, met en valeur le jardin du cœur.

8

LE CERCLE OUVERT

> « Je souhaite dans ma maison
> Une femme ayant sa raison,
> Un chat passant parmi les livres,
> Des amis en toute saison
> Sans lesquels je ne peux pas vivre. »
>
> GUILLAUME APOLLINAIRE

Les bonnes fées qui se penchent sur le berceau d'un nouveau-né peuvent lui octroyer la beauté, la grâce, l'intelligence, la prospérité, elles ne peuvent lui assurer l'amitié, qui est une démarche personnelle, une envie de rencontrer l'autre et de continuer le voyage. Le charme des traits, la vivacité d'esprit peuvent aider, ils sont loin de suffire pour fonder et nourrir une amitié.

Communiquer, entrer en relation, c'est toujours risquer. Cela tient de la décision et de l'improvisation. C'est aussi sortir de soi, écouter l'autre, et risquer d'être mis en question par l'autre. Parmi les nombreux individus qui se sentent isolés à notre époque, dans les grandes villes, dans les transports en commun, au cinéma ou devant la télévision, dans les « fast-food » ou sous leur couette, parmi eux combien ont pris le temps de sourire, d'envoyer une carte postale, de préparer un dîner, de proposer une promenade en forêt ? Parmi eux, combien pensent réellement que l'autre, les autres sont intéressants, enrichissants, dignes d'être écoutés, accueillis ?

Je vais faire grincer des dents, j'entends déjà les objections des travailleurs sociaux et des professionnels de la charité qui expliquent tout par les conditions de vie et les milieux défavorables et font des individus des éternelles victimes et d'éternels assistés : outre quelques rares cas, en nos contrées l'isolement n'est pas un destin que l'on subit ; consciemment ou non, une personne isolée le veut bien. L'amitié recrute dans toutes les classes sociales, à tous les âges, dans toutes les professions. Sur ce plan-là justement, les individus riches, en vue, influents, ne sont pas les plus favorisés, et leur maison est certainement moins emplie d'amis que la maison des paysans, des artisans et des ouvriers.

Dans l'amitié on échange et on partage ce que l'on est, non ce que l'on a. On donne de soi, on s'engage, on prend le risque et la responsabilité d'une amitié au lieu de rester indifférent, de se recroqueviller dans la peur, de se protéger et d'affirmer « ce n'est pas mon problème ». L'amitié peut commencer dès l'instant où quelqu'un se dit « c'est mon problème », « ce qui touche l'autre est capable de me toucher, de m'intéresser ». Ce n'est pas une chance, un miracle, c'est certainement la plus belle conquête de l'homme, à la barbe du destin et des dieux.

Sortir de soi

Sartre se trompait : l'enfer, ce n'est pas les autres, c'est l'enfermement. L'enfer peut se décrire en termes de pesanteur, d'inertie, de repli, d'indifférence — tout ce qui empêche qu'éclose une amitié, que naisse un amour. L'amitié ne tombe pas du ciel, alors qu'une rencontre amoureuse peut opérer par coup de foudre. Elle demande d'abord de la disponibilité, une qualité dont font très rarement preuve les individus pressés d'aujourd'hui. Choisir d'être disponible, d'avoir du temps pour soi et pour les autres, n'est pas un luxe mais un acte de liberté. D'autres préféreront faire carrière, assurer leur pouvoir, passer leur temps en affaires lucratives ou en frivolités, bref passer à côté de l'essentiel. Miser sur l'amitié, c'est affirmer que les biens immatériels constituent le plus important et le plus clair, au sens lumineux, de l'existence. Par l'amitié le monde cesse d'apparaître vide, hostile, absurde, il prend visage et sens. C'est pourquoi les malades, les personnes démunies, les prisonniers, les vieillards ont besoin bien plus de visites, d'affection, d'amitié que de nourriture quotidienne. L'amitié n'étant ni achetable, ni consommable, ni utilitaire, elle témoigne que les rapports humains ne sont pas faits que d'exploitation, d'intérêt et de pouvoir, que les relations d'aide, de générosité, d'écoute, de gentillesse, existent « pour l'amour de l'amour ».

Dale Carnegie, l'Américain bien connu qui donna de multiples cours et conférences sur l'art de communiquer, d'entrer en relation, écrit en 1936 dans le livre *Comment se faire des amis** une phrase qui devrait être enseignée et méditée dès le plus jeune âge : « Vous vous ferez plus d'amis en deux mois en vous intéressant sincèrement aux autres que vous ne pourriez en conquérir en deux ans en vous efforçant d'amener les autres à s'intéresser à vous. » Ce n'est pas une recette pour « avoir » des amis, c'est une loi psycho-spirituelle qui indique le commencement de toute vraie relation, d'amour ou d'amitié. Comment, sans attention et sans écoute, peut-on partager ? Comment employer le mot d'amitié ou d'amour s'il n'y a ni compréhension ni aide ?

Si mon cher petit moi seul m'intéresse, si je ne peux parler que de mes soucis, de mes activités, de ma vie, il ne faut pas escompter trop d'amis. Si j'ai peur de l'autre, si

---

* D. Carnegie, Hachette, 1974.

en parlant j'ai peur de me dévoiler, peur d'être jugé, si j'ai peur de souffrir, je ne me risquerai pas dans l'amitié, et de la relation amoureuse je ne connaîtrai que l'aspect confiné. L'amitié ne fait pas de cadeau : là où le sentiment amoureux peut se contenter de l'attrait physique, du narcissisme à deux, l'amitié nécessite une ouverture véritable et une richesse intérieure à partager. L'amitié comme l'amour vrai commencent là où s'effacent l'égoïsme, la peur, et leur cortège mouvant.

Sans nul doute, pour oser entrer en amitié une sécurité intérieure est requise, un minimum de confiance en soi. Pour rencontrer l'autre non superficiellement, il faut s'être rencontré soi-même et avoir réglé ou apaisé ses propres conflits. Sinon l'autre apparaît obligatoirement comme une menace, un ennemi sur quoi se projettent nos propres peurs et appréhensions. Lorsque l'on a fait la paix avec soi, lorsqu'on a éclairé et reconnu les ombres en son théâtre intérieur, on est capable d'amitié parce qu'on sait que l'on a tout à gagner de la rencontre et du dialogue. L'autre désormais n'est plus perçu comme quelqu'un de menaçant, de déstabilisant, ni non plus comme quelqu'un venant répondre à votre manque, votre attente, votre vide, mais comme un être entier qui va vous enrichir, vous étonner, vous faire créer et avancer.

C'est une des premières leçons de lucidité qu'offre l'amitié : soit l'on cherche à se sécuriser, à se protéger, et on se réfugie dans le rêve, l'illusion, le simulacre ; soit on s'ouvre à l'autre, à la vie, et l'amitié, l'amour prennent leur envol. L'amitié n'est faite d'aucun délire, d'aucun fantasme, d'aucun « je ne sais quoi » : dans l'amitié on sait et on peut dire pourquoi on aime l'autre. On ne devient pas ami en raison d'un battement de cils, d'un nez de Cléopâtre. L'amitié vit et se nourrit de la connaissance de soi-même et de l'autre. Elle permet ainsi les révélations mutuelles, les remises en question aussi.

Une joie communicative

L'amitié est exigeante, il est bon de le répéter, cela explique d'une part qu'elle ressortit, dès les philosophes anciens, à l'éthique et non à l'affectif, d'autre part qu'elle est assez rare, assez peu prisée en une époque où l'individu ne cesse de réclamer, quémander, criailler pour soi et n'envisage que ses droits, sa sécurité, son avoir. L'amitié est exigeante parce qu'il faut se montrer digne d'elle — agir, croître, progresser. Elle rappelle, avec gravité, qu'il faut s'alléger de l'avoir pour être, qu'il faut renoncer au pouvoir pour aimer.

L'amitié adulte n'est pas un plaisir parmi d'autres mais une joie, née d'un partage en vérité et en profondeur. Lorsque deux personnes se rencontrent et, au lieu d'échanger des choses banales, de garder leurs masques, se parlent et se livrent avec spontanéité et authenticité, l'amitié montre le bout du nez. En ce sens toute communication véritable engage à poursuivre et conduit à souhaiter l'amitié.

Quand les deux personnes ont établi une amitié, les paroles, les actions communes sont sans doute moins nécessaires qu'au départ. La présence amie à elle seule est source de joie. Et la joie est contagieuse, comme le décrit le philosophe Alain : « Il suffit que ma présence procure à un ami un peu de vraie joie pour que le spectacle de cette joie me fasse éprouver à mon tour une joie ; ainsi la joie que chacun donne lui est rendue ; en même temps des trésors de joie sont mis en liberté, et tous deux se disent :

j'avais en moi du bonheur dont je ne faisais rien » *(Propos sur le bonheur*).*

Cette joie est première, mais l'amitié comporte aussi plaisirs, agréments, petits cadeaux, surprises, attentions et fêtes diverses. Il est doux de penser à l'autre, à ses goûts, à ses centres d'intérêt, au jour de son anniversaire. On donne de son temps, on invite, on écrit, on se rencontre. Une amitié n'est pas abstraite, elle a besoin de vivre la réalité, elle est faite aussi de chair et de sang ; même si l'esprit l'emporte, elle s'augmente de repas partagés, de livres échangés, de promenades ou de travaux en commun.

Dans des villes agitées, surchargées d'automobiles comme l'est Paris, les gens sont fatigués, et le soir ils n'ont même plus la force ou l'envie de téléphoner à quelqu'un, de préparer un dîner d'amis. Les gens reçoivent de moins en moins, ils restent seuls ou en famille devant leur télévision. Je ne crois pas qu'une amitié perdure si les deux amis se voient rarement, ou se rencontrent à la hâte. L'amitié résiste au temps et à la distance si une correspondance régulière s'établit, sinon on a de moins en moins de choses à s'écrire, et cela se termine par une carte au nouvel an.

L'amitié n'est pas pour autant réservée aux personnes qui ne travaillent pas, ce n'est pas un passe-temps de dames désœuvrées ni une commodité de personnes riches, grandement logées, pourvues en cuisinier et femme de chambre. Combien de dîners, de petits déjeuners, de brunchs a préparés mon amie Odile, assistante de direction, même lorsqu'elle habitait dans un studio trop petit pour y placer une table ? Elle étalait une jolie nappe à même la moquette, et les amis faisaient cercle, assis par terre. Combien de repas débordants d'amour et de sen-

---

* Alain, Gallimard, « Folio », 1985.

sualité l'amie Thérèse, avant et depuis sa retraite, n'a-t-elle pas mitonnés pour que les femmes se rencontrent, pour que la chaleur de l'amitié circule ? Regardez bien autour de vous : les personnes dépourvues d'amis hésitent à inviter, même pour une tasse de café ; elles gardent jalousement, frileusement pour elles leur cuisine-salle à manger, elles ne veulent pas être dérangées, et elles hésitent à téléphoner « de peur de déranger »...

En amitié on prend des initiatives, on n'attend pas d'être appelé au téléphone pour répondre. Lorsque l'amitié est profonde, il se passe des contacts subtils, d'ordre purement intuitif, télépathique. La Fontaine a chanté cet aspect irremplaçable de l'amitié :

> « Qu'un ami véritable est une douce chose !
> Il cherche vos besoins au fond de votre cœur ;
>   Il vous épargne la pudeur
> De les lui découvrir lui-même... »

Pour ma part, j'ai vécu de nombreuses fois cette entente sans mots. L'amitié très affinée conduit à la communication immédiate : l'ami est déjà là avant que vous ne l'appeliez, ou il répond avant que la question lui soit posée. Il téléphone à point nommé ou vous envoie une petite carte qui illumine votre journée. Ou il vous fait rire alors que vous êtes au bord de la détresse.

J'espère que j'agis de la même façon, en tout cas je suis toujours mon intuition, et comme j'ai la chance de voir passer dans mes rêves des visages amis, aimés, je fais signe dès le lendemain à mes visiteurs nocturnes. Ainsi, pendant plusieurs années, j'ai pu faire l'économie d'un répondeur téléphonique : je savais qui, en cas d'absence, m'avait appelée.

AIMER D'AMITIÉ

Tendresse et rigueur

L'amitié est douce au cœur, elle est une joie fondamentale de l'existence terrestre, mais elle n'a rien à voir avec la gentillesse facile, avec la complaisance, pas plus que la tolérance n'est indifférence. L'amitié est une énergie d'amour, elle est donc à la fois ferme et tendre, rigoureuse et compréhensive, elle réunit les archanges Gabriel et Raphaël — force et miséricorde de Dieu. Elle stimule et elle apaise, elle corrige et adoucit. Elle demande à chacun d'être une personne entière, non un rôle (de père, de mère, de guide, de confesseur, de psy...), elle révèle en chacun des trésors de patience, d'imagination, d'humour, d'attention. Elle tend à un partage total dont le cœur et l'esprit sont les piliers : après cela on ne peut pas dire que le corps fait défaut, qu'il manque le partage sexuel ; ce n'est pas mineur, c'est hors champ. Au plus haut point de son développement, l'amitié rend chacun des partenaires androgyne : complet, apaisé, solitaire, libre. Elle se passe alors de mots, de discussions. Le silence recèle cette totalité, il approche l'amour le plus grand. Les amoureux sont bavards, les copines papotent des heures au téléphone, les grands amis se disent tout en un regard, un silence, un geste.

Le voyage proposé par l'amitié peut effaroucher les tièdes, les médiocres, les affairés, les flous : lucidité, exigence, patience aussi. Une autre caractéristique de notre époque, outre l'individualisme exacerbé, consiste en hâte, vitesse et confusion. On viole le temps, on emplit à rasbord les plannings, on fonctionne vingt-quatre heures sur vingt-quatre (la belle affaire !), on rentabilise à mort (l'expression est ici judicieuse), et on s'étonne des maladies cardiaques ! Le cœur renonce et s'arrête non parce que l'organe est surmené, mais parce que ce n'est qu'un organe et que sa vie principale (aimer) est niée, bafouée.

L'amitié respecte le déroulement du temps, elle accepte l'attente, les moments blancs, le vieillissement aussi. Le temps, c'est sa force. Dans l'amitié on n'est pas pressé : quand on est relié (intérieurement ou avec une autre personne) on ne s'agite pas ; quand on est centré, on ne fuit pas en avant ; quand on aime, on est toujours là.

Le temps retrouvé

Les amis assurent une continuité de l'existence qui, saisie sous l'angle des activités, des loisirs, des rencontres amoureuses, apparaît éparpillée, intermittente, en pointillé. Les amis : mieux vaudrait dire ici la qualité d'amour apportée aux êtres, aux choses, à la prière, à l'écriture. Plusieurs personnes, à des moments fragiles de leur vie, ont tenté de retrouver ce fil conducteur pour donner sens, pour donner suite. C'est, par exemple, l'histoire de Josiane et d'Inès, que l'une d'elles m'a racontée : « Nous nous sommes rencontrées vers l'âge de sept ans et ce fut un véritable coup de cœur. Enfants, nous nous voyions et nous invitions souvent. Mais Inès, d'origine étrangère, partit dans son pays lointain. Nous nous suivions à distance, autant que l'éloignement le permettait. Puis nous nous sommes perdues de vue vers vingt ans. Les années passèrent. A l'approche de la quarantaine, Inès connut une grave dépression, dont elle se tira. A la suite de cette épreuve, elle décida de retrouver la trace de tous ses amis d'enfance et de leur faire signe. Tous ses amis répondirent à l'appel. Josiane fut la première à lui répondre et à lui rendre visite dans son pays lointain. Cette visite demeure inoubliable, c'est comme si nos expériences différentes en ces longues années de distance avaient préparé cet instant précis. Nous nous sommes retrouvées dans la plus grande simplicité, dans la clarté de nos enfances. »

L'autre histoire d'amitié a pour acteur principal un homme, un cultivateur qui a aujourd'hui environ soixante-quatorze ans. Charles a commencé ses études dans une grande ville de province mais, très vite, il a dû prendre la succession et s'occuper de la ferme, des vignobles. Alors âgé de cinquante-cinq ans, marié, père et grand-père, il entreprit une sorte d'enquête policière et amicale qui lui permettrait de retrouver ses camarades de classe les plus chers de ses années d'enfance. Il persévéra pendant des mois, n'hésitant pas à prendre le train pour suivre la piste d'un ancien camarade. C'est ainsi qu'il en retrouva plusieurs, ceux qui étaient avec lui en sixième et cinquième sur les bancs de l'école... Ils s'étaient quittés à dix ans, onze ans, ils se retrouvaient cinquante ans plus tard, avec des professions différentes, mais presque tous avec une famille : un raccourci saisissant. Et, miracle de l'amitié indulgente, la phrase qui était le plus souvent prononcée était : « Tu n'as pas changé ! Je te reconnais parfaitement... » C'est ainsi que de petits écoliers sages et chahuteurs devinrent, des décennies plus tard, de très bons amis tout le temps de leur retraite.

L'amitié passe au-delà des irréparables outrages, elle se bonifie avec le temps (l'ami viticulteur devait le savoir), elle sait que son voyage est au long cours. Se faisant du temps un allié, elle ne craint pas la mort, elle peut la conjurer, passer outre, parce qu'elle ne craint pas de perdre l'autre à tout jamais, parce qu'elle a la certitude de ne jamais être laissée pour compte ! Avec mes amis, nous nous plaisons à évoquer le temps où, petites vieilles turbulentes ou vieux messieurs très dignes, nous nous verrons encore, où nous rirons encore et referons le monde. Nous savons que nous vieillirons ensemble — un souhait de maturité qu'on n'envisage même pas avant trente ans, qui est la preuve tangible de l'amour partagé —, et même, pour ceux qui croient à l'invisible, que nous nous retrouverons au-delà, dans les étoiles, ou repartis pour un nouveau tour sur cette terre familière.

L'anti-destin

Dans la première moitié de ce siècle, deux écrivains français d'envergure, Marcel Proust et André Malraux, avaient jugé que seule la création artistique pouvait défier la mort, le temps, et s'affirmer éternelle. Mais à l'heure des conflits internationaux, des fanatismes, des armes atomiques et des manipulations scientifiques, on doit déchanter : de grands pans de civilisations raffinées ont disparu de la planète du fait d'hommes bornés, imbus de pouvoir, ivres d'ambition personnelle, et au nom de la Vérité (politique ou religieuse). Les gracieuses statues d'Angkor-Vat ont servi de cible à une soldatesque ignare et fanatisée, des livres et œuvres d'art ont été brûlés ou détruits au nom du progrès social en Chine, en URSS et ailleurs. On a pu vérifier que notre curiosité profanatrice faisait en quelques mois mourir une momie destinée au paradis éternel, que les cathédrales, les temples, les palais ou sites anciens n'étaient épargnés ni par les bombes ni par les spéculations financières, bref que la barbarie l'emporte sur la culture, que le goût du pouvoir, de la guerre et de l'argent se moque bien de l'art, de la beauté et de l'humain.

Le seul « anti-destin » possible est d'ordre immatériel, la seule réponse à la bombe atomique, à l'aveuglement, à la violence et à la souffrance des hommes a pour nom Amour, tous les noms, toutes les nuances d'aimer. Ces rares moments, regards, mots et gestes d'amitié, de tendresse, d'attention, d'aide sont seuls capables de survivre, de nous suivre au-delà du tombeau. Ils sont le seul sens, et tout le sens, de notre chétive et précaire existence humaine. Ce n'est pas l'artiste qui vainc la mort, c'est l'être spirituel.

Dès lors, on choisit : on parie sur la création, la procréation, sur le visible, sur ce monde, sur la matière ; ou on fait le pari fou de l'autre royaume, du royaume du cœur, dans le plus grand silence.

Les cadeaux de la vie

« Les personnes qui suscitent des amitiés, dit Serge qui est représentant, sont des personnes qui inspirent confiance mais aussi qui dégagent une chaleur, l'amour de la vie. » Le sourire, un visage ouvert, un regard direct constituent le premier passeport pour l'amitié. On ne dira jamais assez que plus un individu fait grise mine, prend une attitude tassée, repliée, moins on ira vers lui, alors qu'une personne souriante, joyeuse, attirera les sympathies. Soyez amical, vous rencontrerez des amis, pourrait-on dire. Ce n'est pas parce qu'une personne est entourée d'amis qu'elle est vive et souriante, c'est parce qu'elle est chaleureuse et souriante qu'elle se fait plein d'amis.

L'amitié a en commun avec la vie le sens de la fructification. Si l'on est ouvert à l'amitié, on s'aperçoit très vite que de nouvelles et belles rencontres sont toujours possibles, que le cercle des amis ne se ferme jamais mais s'accroît, que l'amitié est contagieuse. J'ai rencontré beaucoup de mes amis actuels par mes activités professionnelles mais aussi par l'intermédiaire d'autres amis. Et là je reconnais le signe même de l'amitié, qui est de partage et de circulation : on n'aurait pas à l'idée de cacher ses amis, de les garder jalousement pour soi. Je suis heureuse d'avoir « détourné » des amis que j'avais rencontrés chez d'autres personnes, je suis heureuse de savoir que plusieurs de mes amis s'apprécient beaucoup et se voient en dehors de moi. L'important c'est de « créer des liens », comme disait le petit renard de l'écrivain-aviateur, c'est de permettre le relais de la vie. Si je donne un baiser à quelqu'un dont j'attends uniquement qu'il me rende ce baiser, la vie s'essouffle vite. La beauté, l'amour, la prodigalité de la vie demandent que je donne un baiser à quelqu'un qui le rendra à un autre, qui à son tour... Et moi aussi, et chacun d'entre nous a reçu un jour ou l'autre un baiser, un mot tendre inattendu, de la part de la vie.

CONCLUSION

FAIRE ALLIANCE

> « Fais-toi des amis de ceux
> qui sont particulièrement vertueux. »
>
> *Les vers d'or*, Pythagore

L'amitié est un sentiment précurseur qui ne se restreint pas à la vie privée mais touche le domaine social et ouvre l'être à des horizons plus vastes. Étant affinité, tendresse mais aussi vertu, conjuguant l'affectif et l'éthique, elle ouvre la voie à la paix, à la réconciliation de l'homme avec la nature, à la fraternité enfin.

En une époque troublée, violente, narcissique, le goût de l'amitié très présent chez les jeunes révèle moins la recherche d'une relation douce, chaleureuse, agréable, réconfortante qu'une quête du sens. L'amitié conduit nécessairement à s'interroger sur la différence entre les individus, sur l'égalité et la liberté, sur le pouvoir, la politique, sur la guerre. La valeur morale qu'elle représente, la responsabilité personnelle qu'elle implique poussent ceux qui la vivent à poser la question de ce qui est juste — par rapport à la justice mais surtout à l'harmonie. L'amitié offre un sens à la vie, une morale aux relations humaines, et sans doute une transcendance que les idéologies politique, sociale et religieuse ont échoué à établir.

De nouvelles valeurs

Malgré son air de liberté, voire d'anticonformisme, l'amitié n'est pas un sentiment révolutionnaire, mais elle va dans le sens de l'évolution. Baptisée « valeur sûre » d'après divers sondages, où elle occupe une place de choix, elle apparaît plutôt valeur de croissance, de construction, de continuité — ce qui n'a rien à voir avec la sécurité, la protection rassurante. Pour beaucoup de gens elle peut tenir lieu d'idéal ou répondre à un rêve d'harmonie que les disputes familiales, les déboires du couple, les chagrins d'amour ont fortement effrité : ultime illusion ou dernier espoir, elle a carte blanche pour trouver du nouveau, pour mettre au monde une conscience nouvelle.

« Oui, l'amitié annonce et célèbre de nouvelles valeurs, affirme Pierre Solié, en tournant le dos aux valeurs volontaristes, patriarcales qui consistent à imposer des lois, le droit de vie et de mort sur l'autre, etc. Si un fanatisme religieux ou idéologique ne vient pas troubler la mutation que nous vivons, les valeurs du féminin devraient revenir ; le féminin dans l'homme mâle, ou anima, et le double féminin de la femme devraient être revalorisés de sorte que s'expriment des vertus d'amour — un amour différent du pulsionnel, de l'anal, du génital, et de sorte que cette forme d'eros engendre un nouveau discours, un nouveau logos, un nouvel évangile, et réciproquement. Les rapports d'amitié étaient dans le système patriarcal des rapports de force, de rivalité, de puissance, comme les rapports amoureux. Je pense, j'espère que cela va s'atténuer, changer, pour donner naissance à cet eros non plus génital mais spiritualisé, à cet Amour-liberté dans lequel baigne l'amitié. »

CONCLUSION : FAIRE ALLIANCE

Les beaux jours de l'amitié

La faveur que les contemporains accordent à l'amitié n'indique pas pour autant qu'ils la pratiquent, mais qu'ils la considèrent comme une issue, comme une valeur qui n'a pas encore révélé toutes ses ressources. Dans la réalité, les Français d'aujourd'hui ne lui offrent pas une place immense ni régulière dans leur emploi du temps et dans leurs loisirs : d'après une enquête de l'INSEE, ce sont les mois de juin et d'août qui sont consacrés aux visites, aux invitations, à la famille et aux amis ; mais le reste de l'année on fait peu d'incursions en dehors de son foyer, en septembre on s'occupe de la rentrée, du travail, et, après les réjouissances de fin d'année, en janvier on se terre carrément chez soi. Avec le printemps revient le goût de l'amitié. Cette périodicité de la vie conviviale montre bien le lien qui existe entre rencontres, amitiés, et jours longs, ensoleillés : l'amitié apparaît comme une force centrifuge, d'extériorisation, d'expansion. On reste chez soi, on rentre chez soi pendant les saisons sombres et froides, et lors des beaux jours on sort avec des amis ou chez des amis.

Dans la réalité aussi, les Français masquent leur angoisse, leur vide affectif, en consommant de la télévision, des tranquillisants et somnifères, ou en reportant leur soif de relationnel sur la fréquentation des voyants, du minitel rose et des petites annonces, et sur l'engouement pour les thérapies en tout genre : ils demandent à être aimés, écoutés, compris au lieu d'esquisser le premier pas, le premier geste qui mènent à l'amitié. Ils vivent le plus souvent par procuration la convivialité, l'accueil, la bonne entente, tels que les proposent des jeux, divertissements et émissions qualifiés de « grand public ».

Ce qui est nouveau, c'est la valeur reconnue à l'amitié dans le domaine affectif que jusqu'alors la rencontre amoureuse, la passion, le romanesque, la vie de couple étaient seuls ou presque à occuper. L'amour romantique n'a plus le monopole de l'épanouissement personnel, qui passe aussi par l'amitié. On n'attend plus pour vivre, pour être heureux, de rencontrer l'homme ou la femme de sa vie, on investit moins sur le grand amour, on s'ouvre davantage à l'amitié.

D'homme à femme, le lien d'amitié témoigne d'une trêve dans la trop longue guerre des sexes : c'est déposer les armes — de la conquête, de la séduction, du pouvoir, de l'agressivité, de la revanche —, c'est renoncer à la lutte ou à la compétition épuisantes et stériles pour partager et entreprendre avec l'autre, c'est laisser tomber une querelle ancestrale entre hommes et femmes pour tenter de comprendre au lieu de refuser, au lieu d'avoir peur. Cette trêve lucide et active, qui permet d'accepter celui ou celle que nous ne sommes pas, que nous ne serons jamais, peut conduire à la paix et à une alliance fondamentale entre hommes et femmes, autre qu'amoureuse. Cette association, cette amitié confiante et dynamique représenteraient la non-violence de l'amour, une façon de passer du conflit au dialogue, et du « chacun pour soi » à « faire ensemble ».

Ni peureuse ni passive, l'amitié franchit naturellement les barrières de la vie privée pour induire de nouvelles conduites sociales. L'amitié qui par définition crée une ouverture et un lien ne peut que déborder sur la sphère professionnelle, sur la vie publique. Elle remet en question et se montre capable de transformer un système qui ne mise que sur l'économique et ne conçoit entre les gens qui travaillent que des relations de pouvoir, d'utilité ou d'argent, en évitant soigneusement l'aspect humain, le face-à-face, l'émotion et le sentiment. L'expérience de l'amitié vécue dans la vie personnelle déteint nécessairement sur le comportement social : politesse, courtoisie, amabilité, civilité, sens de la coopération. Ici nous retrouvons Aristote, qui conclut que si les citoyens pratiquaient la vertu de l'amitié l'État pourrait se passer de la justice.

L'amitié empêche que l'on soit indifférent, que l'on se replie sur soi, que l'on se désintéresse des autres, de la vie sociale, de l'évolution de la planète. Étant à l'opposé d'une conscience narcissique, elle porte son attention au loin et compatit à ce qui paraît très éloigné de soi. Elle offre le passage de l'individuel au social, en éveillant le sens civique et la responsabilité, et situe chacun dans une perspective plus large et transcendante. Là où l'amitié devient sans bornes, là où elle donne sa force, son aide, sa joie à tous ceux qu'elle rencontre, elle se nomme amour : non seulement le cœur est ouvert mais il déborde.

Liberté, égalité, fraternité

« Liberté, égalité, fraternité » : la devise de la République est, de fait, celle de l'amitié. Et d'abord l'amitié est une école de la liberté, elle nous affranchit nous-même et nous fait chérir l'autonomie de l'autre, accepter ce que nous ne comprenons pas, une existence, des sentiments, des comportements sur lesquels nous n'avons aucun droit. En elle-même, elle est un lien délibérément choisi et entretenu, échappant à toute obligation familiale, toute fonction sociale, tout déterminisme biologique, tout aspect utilitaire. Elle opère ainsi en qualité de valeur transcendante donnant fondement aux conduites humaines.

Cultiver l'amitié est une garantie contre tout embrigadement, tout bourrage de crâne, toute emprise sectaire. Ce que disait W. Reich à propos de la répression de l'orgasme s'applique plus justement à l'amitié, au désir relationnel : privez les gens d'amis, empêchez-les de nouer amitié ou sympathie entre eux, ils seront faciles à manipuler, à asservir, à écraser. Ainsi, après la Deuxième Guerre mondiale, Hannah Arendt* mettait en garde contre « toute doctrine qui rend principiellement impossible l'amitié entre deux êtres humains », qui est donc contraire à la liberté individuelle et au devoir d'humanité.

On sait comment se développent les sectes et groupes suspects de nos jours : on va dans une secte parce qu'on se sent seul, parce qu'on n'a personne avec qui échanger, et le recrutement des adeptes ou disciples vise avant tout à écarter, à éliminer les personnes de l'entourage, les amis, afin de manipuler à l'aise la personne et d'étendre toute son emprise. Je connais des personnes adultes qui ont failli se laisser embarquer dans un groupe qui se disait spirituel et qui ont réagi à temps grâce à l'amitié : les dirigeants-gurus pratiquaient insidieusement les techniques d'isolation, ils conseillaient fermement à chaque disciple de s'éloigner de telle personne ou de rejeter telle autre parce que c'était une entrave à leur évolution spirituelle... Beaucoup s'y sont laissé prendre, préférant accomplir leur cher petit moi pseudo-spirituel, mais d'autres ont réagi avec leur cœur, leur intuition, et, en prenant le parti de leurs amis, ont retrouvé leur liberté.

« L'amitié accepte l'autre de telle sorte que son altérité devienne essentielle et non pas dangereuse, dit Janine Chanteur. C'est le contraire et le dépassement de la peur, qui chez l'être humain se fonde sur la peur de la mort. » En ce sens, l'amitié est toujours possible si elle considère l'autre comme un cadeau, une possibilité d'enrichissement mutuel, une découverte, et non comme une menace, une perte, un rival. Là où « l'union fait la force », l'amitié

---

* *Vies politiques*, Éd. Gallimard, 1986.

CONCLUSION : FAIRE ALLIANCE

crée la communauté, la fraternité. Dans le premier cas on se solidarise contre un ennemi réel ou imaginaire, dans le second cas on tisse des liens avec les autres. Dans le premier cas on choisit de se regrouper pour être plus solide, on se renforce par cristallisation, dans le second cas on choisit l'ouverture, la perte de l'image solide de soi, le rayonnement.

Michelle m'a raconté une histoire d'amitié qui a près de vingt ans : « Yamina, mon amie, est kabyle, et d'origine très modeste. Nous nous sommes rencontrées à la sortie de l'école où nous allions chacune attendre nos enfants. Un joli signe nous fut donné, auquel toutes deux avons prêté attention : Hacène, son fils, et Christine, ma fille, sont nés le même jour de la même année, créant ainsi une sorte de parenté. A ce titre, je fus associée aux événements familiaux heureux ou malheureux, et invitée aux fêtes. Chercheuses de Dieu dans nos religions respectives, nous n'oublions jamais d'être attentives aux fêtes chrétiennes et musulmanes et nous nous disons : "Joyeuses Pâques", "Saint Ramadan"...

« Yamina petit à petit m'a confié ses blessures d'enfance puis ses frustrations de femme, ses rêves et ses projets. Des secrets trop lourds et que ses sœurs n'auraient pas écoutés. De moi elle connaît tout, les ombres et les clartés. J'apprécie ses réprimandes sans concession qui ne veulent pas me blesser mais cherchent mon bonheur.

« Nous ne nous voyons pas très fréquemment, même si nous habitons toutes deux en région parisienne, mais souvent nous nous téléphonons. Quand je l'appelle, j'entends Yamina s'exclamer : "Je savais que c'était toi !", signe de la transparence du cœur. »

Aller à la rencontre

Passant allègrement les illusoires barrières de la race, de la religion, de l'âge, des opinions politiques, l'amitié refuse toute inégalité et, en portant sur le monde un regard bienveillant, sans possession, elle mène à fraterniser avec toutes les créatures de ce monde. Elle conduit à l'amour, par le chemin difficile qui consiste à accepter l'autre, à l'aimer ainsi au lieu de vouloir le changer.

Je ne puis comprendre que des avis divergents, des goûts culturels différents puissent empêcher une relation amicale. La plupart des gens croient que pour être amis il faut partager les mêmes idées, avoir les mêmes goûts, les mêmes loisirs : ils recherchent leur propre image, ils ont peur de la différence. J'ai en souvenir quelques colloques et conférences où des femmes, qui n'étaient pas d'accord avec mes propos (ce qui est tout à fait légitime), me considéraient aussitôt comme une ennemie et tournaient le dos au lieu de dialoguer, comme si deux personnes ne pouvaient plus parler ensemble du moment où elles ont des opinions différentes. Je me souviens aussi d'une femme, participant à un colloque où j'intervenais, qui était étonnée de me voir parler joyeusement avec une journaliste qui la veille avait exprimé ses réticences et objections à mes propos, comme si c'était incroyable, comme si une herse devait séparer à jamais deux personnes d'avis divergents.

« De quel bord êtes-vous ? » peuvent se demander tous ceux qui restent ancrés dans le dualisme « avec moi ou contre moi ». En répondant qu'on est du bord de l'amitié, on signifie qu'on est en fait sur un pont, qu'on lance des ponts aussi. L'amitié cherche le dialogue et non l'écho, elle cherche un accord qui dépasse les hostilités immédiates et nos individualités crispées sur leurs certitudes. Elle ne veut pas convaincre l'autre mais trouver, avec l'autre, le

CONCLUSION : FAIRE ALLIANCE

point où ils se rencontreront et s'accepteront mutuellement. Au-delà des pensées éphémères, des comportements changeants, des opinions mouvantes, elle vise à l'essentiel : rencontrer l'être en profondeur.

Comme l'amour individuel peut ouvrir à l'amour de l'humanité, l'amitié conduit à faire alliance avec tous les êtres. L'amitié est un désir d'aller infiniment à la rencontre des autres, c'est le sentiment d'évidence que le monde est plein d'amis inconnus, que vous pourriez aimer, qui sont prêts à vous aimer aussi.

L'amitié, mieux que l'amour sentimental, porte à l'altruisme, à l'entraide, à la compassion. A l'abri des implications émotionnelles et sexuelles, des projections et revendications personnelles, libérée de la peur, la relation d'amitié a devant elle tout le champ spirituel. L'éthique de l'amitié, faire le bien ensemble, se concrétise dans le quotidien en faisant du bien aux autres. Le partage de l'essentiel, la communication d'âme à âme mettent en disponibilité une formidable énergie d'amour, capable de soigner, d'apaiser, de régénérer et de consoler bien des humains : c'est ce qui se passe par exemple dans les groupes de prière.

L'amour romantique est individualiste, l'amitié est humaniste. Elle découvre les liens subtils et invisibles qui relient tous les êtres de la terre, où elle voit le reflet du Divin. Plus un être est évolué, plus il sympathisera avec des êtres très éloignés, très différents de lui. Son attention, son aide, sa compassion s'étendront aux hommes ou aux mammifères qui lui ressemblent, puis aux poissons, aux oiseaux, aux reptiles et insectes, aux plantes, aux pierres, à toutes les formes de vie et de présence au monde. L'amitié permet de dépasser la vision fragmentaire d'un monde constitué de choses et de corps isolés, séparés, indifférents.

Le chromosome de l'amitié

Il y a des petits malins qui arrivent à vivre à la fois de belles amitiés et de grandes amours. Qui cumulent. Ou qui sont doués. Est-ce le propre d'un cœur généreux, d'un individu passionné ?

« Je pense qu'il y a des personnes douées en amitié comme pour tout le reste, dit Pierre Solié. On est actuellement dans une phase où on a banni les dons pour affirmer l'égalité de tous les hommes : on est obligé de supprimer la notion de dons, l'idée de gens doués, pour promouvoir les droits de l'homme et du citoyen... Si je prends mon exemple, je ne suis pas du tout doué pour la musique, pour le piano. C'est-à-dire qu'avec du travail acharné, de la sueur, de la peine, j'arriverai au bout de longs mois à jouer juste un petit morceau lors d'un dîner amical, mais jamais je ne serai un grand concertiste. Je ne suis pas doué. C'est la même chose pour l'amitié et pour l'amour en général. »

Il me semble que l'amitié comme l'amour peuvent se définir par le terme d'ouverture, par « dire oui » au lieu d'avoir peur et de se retrancher derrière son orgueil. En Occident, la conscience que nous avons d'un individu bien délimité, séparé des autres et du reste de la nature, n'est pas faite pour favoriser le sentiment d'amitié et d'alliance. Les Amérindiens, les peuples orientaux et beaucoup de sociétés traditionnelles se sentent reliés entre hommes et au Grand Tout : l'amitié qu'ils témoignent aux animaux, aux rivières, aux arbres ou aux montagnes découle tout naturellement de ce sentiment d'unité. C'est une amitié cosmique.

Beaucoup d'Occidentaux ont perdu, surtout depuis la civilisation industrielle qui réclame temps, argent, efficacité, leurs racines terrestres et aussi leurs racines célestes.

CONCLUSION : FAIRE ALLIANCE

Coupés d'eux-mêmes, orphelins de père et de mère, ils s'agitent, ils ont peur, ils se cuirassent pour se donner une solidité, ils se renferment et se méfient des autres. Comme ils sont dominés par la peur de perdre (et son corollaire le pouvoir), comme ils n'ont pas trouvé leur centre, leur être profond, spirituel, ils sont incapables de créer des liens puisque eux-mêmes sont aliénés, étrangers à eux-mêmes. Les sentiments de classe, de race, de famille, de patrie et autres appartenances sont impuissants à remplacer l'expérience d'être un enfant de la Terre et du Ciel étoilé. Qui connaît ce sentiment, qui est pourvu de ses racines terrestres et célestes, à celui-là l'amitié, toutes sortes d'amitiés et d'amours ne feront pas défaut. Autrement dit, une personne reliée est, plus que toute autre, prédisposée à l'amitié, à la relation.

Beaucoup estiment que deux personnes commencent une amitié par l'agrément, les goûts communs, le travail ensemble, puis consolident cette amitié par des échanges plus intimes, plus profonds. L'inverse est également possible : c'est en partageant l'essentiel, en dialoguant de cœur à cœur, que l'amitié peut naître et durer. La plupart de mes amitiés relèvent de cette seconde catégorie, où les détails de la vie personnelle, des goûts et des activités passent bien après la rencontre avec l'être authentique. Pour moi le partage de l'intériorité est non seulement au cœur de l'amitié mais en est d'abord le moteur.

La recherche de la qualité

Les relations extérieures sont un reflet de nos relations intérieures, avec nous-même. Les personnes capables de rencontrer les autres ont déjà fait le chemin de la connaissance et de la rencontre avec soi-même. Les gens doués pour l'amitié ont d'abord fait la paix avec eux, élucidé leurs conflits intérieurs. Mais ceux qui sont flous, mal assurés, déchirés ou révoltés en eux-mêmes auront beaucoup de difficultés à vivre concrètement ce dont ils n'ont pas l'expérience intérieure. Si, dans l'amitié véritable, on donne ce qu'on est, on ne peut espérer que ce qu'on garde en soi de violence, de peur, d'indifférence, de pesanteur, de mensonge, se transforme à l'extérieur en relation claire, joyeuse, créative, réconfortante, paisible.

Les amitiés, les amours que nous vivons sont à notre image. Une relation de qualité est le fait de deux êtres de qualité. Une relation médiocre ou superficielle n'est imputable qu'aux individus qui ne demandent pas plus. Une amitié exceptionnelle, un grand et bel amour naissent et durent parce que les deux personnes sont d'une rare qualité d'être. Comme le dit judicieusement un de mes amis, « toute personne entière et passionnée ne peut qu'être à la fois seule et entourée d'amour »...

Avec le recul des années, je me dis que c'est l'audace des timides qui m'a permis d'aller vers les autres. Aujourd'hui je sais que toute personne éprouve le besoin d'aimer et d'être aimé, même si elle le dissimule, même si elle s'en défend. Au départ, pour se faire des amis, il faut avoir le courage d'entreprendre. Ensuite, avec l'expérience des rencontres, on se dit que l'amitié est toujours possible entre deux êtres. La démarche active se renforce et s'allège du fait de ce sentiment, et de la liberté totale de nouer une relation avec qui on désire. Je ne me suis jamais sentie gênée d'induire ou d'accepter une relation amicale avec une personne que j'interviewais, avec un médecin qui me soignait, avec quelqu'un de célèbre ou de recherché, avec une personne ayant une responsabilité professionnelle ou un rang hiérarchique imposants : autant dire que je me suis toujours sentie sur un pied d'égalité

CONCLUSION : FAIRE ALLIANCE

— peut-être parce que j'ai du répondant, mais surtout parce que les sentiments d'amitié et d'amour ignorent toutes les barrières et tous les préjugés.

La véritable audace, c'est d'organiser sa vie autour des valeurs d'amitié, d'amour, de tendresse, c'est de placer les relations humaines au premier plan. Pour ma part, l'amitié a toujours été le critère déterminant dans des options à prendre ; par exemple, si je suis restée à Paris jusqu'ici, ce n'est pas pour raison professionnelle, pour une sécurité de l'emploi que je ne connais pas, c'est parce que presque tous mes amis demeurent en région parisienne et que nous avons besoin de nous voir assez souvent. Si parfois j'ai accepté une tâche peu agréable, c'est parce que je travaillais dans un climat d'amitié. J'ai toujours préféré les valeurs de vie aux soucis de carrière, et parler avec des amis, marcher ou dîner avec eux représentent pour moi le bien le plus précieux au monde, ce sont des cadeaux d'amour que rien ne peut égaler, hormis le silence et la présence divine.

J'ai peut-être aidé quelques amis à traverser de douloureux moments, je sais qu'ils m'ont sauvée souvent du désespoir où je me trouvais. Lorsqu'un ami, au téléphone, me sent triste et propose de venir tout de suite me voir, parler, me réconforter, je m'émerveille de ce miracle. Lorsque des amis, habitant Bruxelles, entendent que je ne vais pas très bien et disent spontanément : « si cela te fait plaisir, nous prenons le train et venons t'embrasser », je fonds de gratitude et me dis que la vie a un sens et que le monde n'est pas si désolé ni si desséché que cela.

Il serait temps de revoir nos idées reçues comme : l'homme est un loup pour l'homme, l'agressivité commande ou explique nos relations, ou encore eros est lié à thanatos... L'expérience de l'amitié mène à des définitions tout à fait différentes : tout être humain a besoin de donner et de recevoir de l'affection, de l'aide, de la tendresse ; le goût de la vie, la gratitude envers la vie sont plus puissants que la pulsion de mort et les idées noires. Il ne s'agit pas de revenir au bon sauvage, à un homme né naturellement bon. On ne peut non plus résumer l'homme par l'être social. Mais l'être humain qui mérite le nom d'Homme est un être de relation et de liberté : cela implique un être de solitude et un être relié à la Terre et au Ciel. Cet Homme-là est vraiment un Vivant.

Aimer, enfin

Au bout du chemin, est-il si important de distinguer l'amour de l'amitié ? Il me semble qu'aimer demeure le plus important, quelles que soient les nuances, les images, les mots et gestes employés. C'est rassurant, réconfortant, « d'avoir » des amis, il est plus rare de susciter, de donner de l'amitié. Plutôt que de se comporter en heureux propriétaire possédant des amis, mieux vaut pour que le monde s'éclaire faire passer et faire vivre l'amitié.

L'amitié comme l'amour sentimental permettent aux hommes de découvrir en eux des ressources d'attention, d'écoute, de patience, d'énergie, de tendresse, de joie. Ils représentent les moyens privilégiés, et donnés à tous, d'accéder à ce qui nous dépasse et nous échappe infiniment, l'Amour.

Car l'Amour n'est pas une relation et il n'a pas d'histoire. Il est ce qui permet la relation, toute relation. Il existe plusieurs modes de rencontre, de communication entre les êtres : le travail, le silence et la parole, la création en commun, les causes à défendre, les voyages à partager, la sexualité... (je ne parle pas ici des relations intéressées ni obligées). Mais la vraie rencontre se situe au

CONCLUSION : FAIRE ALLIANCE

centre, et elle donne sens et vie à tous les autres modes de relation. Cette rencontre au centre, dans l'intériorité de l'être, elle est permise par l'Amour et elle peut prendre les couleurs de l'amitié, de la relation amoureuse entre homme et femme, de la fraternité avec tous les êtres vivants, visibles et invisibles.

Pourquoi se désoler lorsqu'une histoire amoureuse se termine, lorsqu'une amitié s'efface ? La fin d'un amour n'est pas la mort de l'Amour : demain, il passera une autre robe...

Si l'Amour ne nous avait pas aimés, au tout commencement, nous serions bien incapables d'aimer. L'Amour ne vient pas de nous, il passe par nous. Notre liberté consiste à permettre ce passage ou à barricader portes et fenêtres. Notre liberté fait pencher l'Amour du côté de l'amitié, de l'altruisme, de l'amour humain, ou de la fraternité spirituelle, elle lui donne divers noms, divers usages, mais Lui demeure entier, total, non fragmenté.

Je sais que parler d'amour, écrire sur l'amitié, ne remplaceront jamais l'urgence et la joie d'aimer. Je sais que les mots et les pensées sont des ombres tremblantes devant la lumière de l'Amour. Oui, j'aimerais que l'Amour m'apprît à aimer.

TABLE DES MATIÈRES

Introduction : Le chat, le cochon et le babouin .   7
1. Les frontières incertaines 15
2. « Un art où l'homme se trouve libre » 31
3. L'amitié au masculin, l'amitié au féminin ... 57
4. L'amitié entre homme et femme 97
5. L'amitié dans le couple 127
6. ... Et après 149
7. Leurres et fantômes 175
8. Le cercle ouvert 193

Conclusion : Faire alliance 207

Achevé d'imprimer le 20 janvier 1992
dans les ateliers de Normandie Roto S.A.
61250 Lonrai
pour le compte des Éditions Robert Laffont

N° d'éditeur : 33793
N° d'imprimeur : R1-1134
Dépôt légal : février 1992